BRIAN GAGG

WORTSUCHRÄTSEL
3 in 1 SAMMELBAND

UFO, SCIENCE FICTION und HORROR

Bibliografische Information der Deutschen Nationalbibliothek:
Die Deutsche Nationalbibliothek verzeichnet diese Publikation in der Deutschen Nationalbibliografie; detaillierte bibliografische
Daten sind im Internet über http://dnb.dnb.de abrufbar.

Herstellung und Verlag: BoD – Books on Demand, Norderstedt
ISBN: 9783754395929

Inhaltsangabe Seite

Einleitung

Auf den folgenden Seiten finden sich thematisch sortierte Wortsuchrätsel.
Um ein Wortsuchrätsel zu lösen, müssen alle jeweils aufgelisteten Worte in der darüber befindlichen Buchstabenmatrix gefunden werden. Ist ein Wort gefunden, sollte es mit einem Stift umkreist und das gefundene Wort aus der Liste gestrichen werden. Sind alle Worte aus der Liste gefunden, ist das Rätsel gelöst. Bei Schwierigkeiten ein Rätsel zu lösen, kann die Lösung jeweils auf der Rückseite nachgeschaut werden. Die zu findenden Worte sind jeweils als ganzes (d.h. immer nur in einer Richtung und ungebrochen) in der Matrix nach folgenden Regeln versteckt:

- Suchworte können sich überlagern, d.h. ein Buchstabenkästchen kann von mehreren Suchworten genutzt sein.

- Worte können vorwärts, rückwärts, horizontal, vertikal oder diagonal in der Matrix versteckt sein.

- Suchworte stehen für sich alleine und sind unter- oder nebeneinander aufgelistet.

E	R	A	D	O	H	K	U	F	O	U	V	O	Q	J	T	E	R	Z
B	X	Q	T	I	A	X	U	M	B	Z	B	J	V	T	Z	L	U	T
Z	H	W	S	E	Y	I	L	Z	V	J	E	N	A	T	F	F	C	V
Z	Y	C	H	E	O	M	B	M	E	Z	O	A	A	P	O	V	S	P
G	H	A	D	V	S	F	A	K	B	S	O	X	B	L	A	Q	D	R
S	O	B	T	Z	W	T	T	L	N	V	K	Z	O	S	Z	O	F	H
F	Z	F	O	Y	Q	E	O	N	R	O	E	G	P	S	T	M	F	Z
V	I	R	U	T	K	V	E	S	I	F	I	G	E	E	D	U	O	Z
U	X	N	Y	E	Q	B	U	I	E	E	I	Y	H	H	Y	Q	R	C
N	P	E	P	L	E	A	J	C	T	N	O	W	C	C	Z	L	N	Z
E	H	C	I	L	T	F	A	H	C	S	N	E	S	S	I	W	E	H
R	E	R	X	O	R	F	I	T	G	B	O	T	I	I	O	F	I	K
K	R	Y	Q	V	E	L	Z	U	N	G	Q	T	T	D	Y	N	R	L
L	S	E	R	S	H	D	V	N	P	S	V	E	S	R	J	G	O	F
A	C	W	E	I	C	R	E	G	R	P	P	R	I	I	N	L	E	L
E	H	M	Y	N	U	D	O	E	H	Q	P	B	R	R	C	L	H	U
R	E	O	X	M	S	Q	M	N	E	H	A	A	R	E	F	S	T	G
B	I	E	I	I	E	T	A	L	O	O	E	L	E	S	H	B	B	B
A	N	G	Y	E	B	Q	P	J	F	B	W	L	T	S	M	N	Y	A
R	U	L	G	H	P	X	X	T	J	T	E	O	A	U	N	D	T	H
E	N	I	C	E	Y	D	W	Z	I	Z	V	N	R	A	J	Q	T	N
B	G	C	T	G	H	Z	E	Y	W	A	I	J	T	F	K	K	V	E
B	E	H	G	U	Z	V	I	O	U	V	E	J	X	O	H	O	J	N
W	N	K	Z	G	N	H	U	F	V	L	J	L	E	H	F	E	P	A

1

WISSENSCHAFTLICHE THEORIEN
EXTRATERRISTISCHE BESUCHER
UNERKLAERBARE FLUGBAHNEN
GEHEIMNISVOLLE ERSCHEINUNGEN
AUSSERIRDISCHES LEBEN MOEGLICH

SICHTUNGEN
UFOLOGIE
UFO OBJEKTE
UFO ABSTURZ
WETTERBALLON

Lösung

E R A D O H K U F O U V O Q J T E R Z
B X Q T I A X U M B Z B J V T Z L U T
Z H W S E Y I L Z V J E N A T F F C V
Z Y C H E O M B M E Z O A A P O V S P
G H A D V S F A K B S O X B L A Q D R
S O B T Z W T T L N V K Z O S Z O F H
F Z F O Y Q E O N R O E G P S T M F Z
V I R U T K V E S I F I G E E D U O Z
U X N Y E Q B U I E E I Y H H Y Q R C
N P E P L E A J C T N O W C C Z L N Z
E H C I L T F A H C S N E S S I W E H
R E R X O R F I T G B O T I I O F I K
K R Y Q V E L Z U N G Q T T D Y N R L
L S E R S H D V N P S V E S R J G O F
A C W E I C R E G R P P R I I N L E L
E H M Y N U D O E H Q P B R R C L H U
R E O X M S Q M N E H A A R E F S T G
B I E I I E T A L O O E L E S H B B B
A N G Y E B Q P J F B W L T S M N Y A
R U L G H P X X T J T E O A U N D T H
E N I C E Y D W Z I Z V N R A J Q T N
B G C T G H Z E Y W A I J T F K K V E
B E H G U Z V I O U V E J X O H O J N
W N K Z G N H U F V L J L E H F E P A

Y	J	A	D	E	L	D	T	O	U	I	B	A	M	D	U	A	O	Z
U	R	E	G	I	E	R	U	N	G	W	E	R	E	T	H	G	I	F
D	V	S	U	M	H	F	G	X	E	M	R	C	H	D	W	N	I	J
D	U	R	C	H	O	N	Y	N	U	A	P	R	M	V	K	Z	G	D
F	G	I	I	N	U	V	C	Q	P	S	W	C	D	H	L	S	B	P
C	Q	J	D	R	M	O	P	D	Q	S	H	G	I	G	O	S	I	R
P	A	W	I	G	U	R	K	C	L	E	E	K	U	Q	N	F	V	U
L	Z	M	V	N	E	U	A	K	X	N	Q	S	P	I	X	V	T	T
W	L	U	T	Q	N	Z	L	L	R	S	R	N	O	F	J	E	I	H
A	I	E	I	M	T	D	V	U	A	I	X	B	O	L	X	G	D	I
H	R	N	P	Q	F	Q	Y	M	A	C	M	L	S	K	C	Q	L	R
R	Y	K	F	B	U	Y	U	J	E	H	C	L	K	I	N	D	F	D
H	E	I	D	K	E	N	N	R	M	T	O	P	H	J	V	L	O	S
E	T	E	E	X	H	L	G	D	D	U	T	H	Y	R	V	G	O	A
I	F	J	T	N	R	E	E	V	P	N	P	F	E	E	G	R	W	Z
T	A	S	K	O	U	T	W	W	S	G	H	N	R	S	W	O	K	T
V	H	N	E	G	N	U	O	E	Q	E	Y	S	U	P	Y	L	L	A
X	L	E	J	A	G	Q	E	P	E	N	C	M	O	T	J	Y	O	L
G	E	I	B	T	X	S	H	V	T	H	U	R	H	P	B	P	H	P
M	S	L	O	N	T	J	N	A	W	C	D	C	R	S	M	L	P	E
J	T	A	P	E	B	B	L	E	Z	A	I	C	H	M	G	E	F	D
R	E	Q	L	P	Y	S	I	B	H	R	R	U	I	W	W	O	T	N
Q	A	B	Q	J	T	G	C	E	E	Q	K	F	X	F	Z	O	R	A
O	R	O	A	N	T	V	H	B	A	W	K	O	M	E	O	F	C	L

2

RAETSELHAFTE OBJEKTE
MASSENSICHTUNGEN
ENTFUEHRUNG DURCH ALIENS
PENTAGON BERICHT
UNGEWOEHNLICH HOHES TEMPO
UFO LANDEPLATZ
CLOSE ENCOUNTER THIRD KIND
FOO FIGHTER
REGIERUNG VERSCHWEIGT WAHRHEIT
UFO ALARM

Lösung

Y J A D E L D T O U I B A M D U A O Z
U R E G I E R U N G W E R E T H G I F
D V S U M H F G X E M R C H D W N I J
D U R C H O N Y N U A P R M V K Z G D
F G I I N U V C Q P S W C D H L S B P
C Q J D R M O P D Q S H G I G O S I R
P A W I G U R K C L E E K U Q N F V U
L Z M V N E U A K X N Q S P I X V T T
W L U T Q N Z L L R S R N O F J E I H
A I E I M T D V U A I X B O L X G D I
H R N P Q F Q Y M A C M L S K C Q L R
R Y K F B U Y U J E H C L K I N D F D
H E I D K E N N R M T O P H J V L O S
E T E E X H L G D D U T H Y R V G O A
I F J T N R E E V P N P F E E G R W Z
T A S K O U T W W S G H N R S W O K T
V H N E G N U O E Q E Y S U P Y L L A
X L E J A G Q E P E N C M O T J Y O L
G E I B T X S H V T H U R H P B P H P
M S L O N T J N A W C D C R S M L P E
J T A P E B B L E Z A I C H M G E F D
R E Q L P Y S I B H R R U I W W O T N
Q A B Q J T G C E E Q K F X F Z O R A
O R O A N T V H B A W K O M E O F C L

B	J	W	X	C	I	O	Y	O	L	Q	G	Y	B	L	B	B	B	O
R	H	J	O	E	M	T	N	U	H	C	O	L	E	R	N	E	Q	T
G	X	W	C	N	V	R	E	T	N	U	O	C	N	E	S	W	Q	C
N	G	E	S	C	H	W	I	N	D	I	G	K	E	I	T	M	L	C
U	M	Z	A	N	W	C	M	W	C	V	U	Z	W	Y	L	O	A	L
M	D	P	R	O	X	Y	M	R	D	B	R	W	V	B	S	K	Q	L
H	P	B	E	I	M	T	G	X	O	E	E	G	K	E	V	O	N	A
A	S	J	M	T	E	E	N	Q	I	L	V	I	D	E	O	S	T	H
N	N	R	A	A	K	O	F	Z	C	L	D	N	O	C	E	S	T	C
G	J	N	K	M	R	B	F	W	J	E	G	T	U	E	H	L	F	S
A	M	A	T	R	E	Y	K	U	Q	A	G	H	L	K	Y	C	V	R
L	H	N	O	O	P	K	S	I	D	F	P	G	U	T	B	T	A	E
H	N	E	R	F	O	I	W	B	V	S	G	I	N	L	U	M	F	B
C	E	M	A	N	R	Z	F	E	L	G	G	L	G	G	N	T	J	E
S	S	H	R	I	T	E	V	R	G	N	F	Y	E	M	S	D	Y	U
E	I	A	F	S	E	N	N	I	P	U	A	A	L	I	E	H	M	C
B	E	N	N	E	D	A	W	C	R	T	K	D	O	T	R	M	O	Z
D	W	F	I	D	W	O	P	H	A	H	E	B	E	T	I	N	Y	W
B	E	U	O	U	T	U	Z	T	M	C	J	O	S	N	O	E	S	X
A	B	A	J	K	H	G	G	E	P	I	H	L	T	Q	E	Y	O	C
L	V	T	X	X	I	C	I	Z	Q	S	R	B	E	U	S	X	B	B
C	H	R	T	G	Z	C	N	C	I	U	C	Y	J	J	E	W	V	A
Q	F	U	M	W	T	J	W	A	X	M	E	H	U	P	B	V	F	L
L	Q	J	A	E	W	H	S	B	Q	S	Y	N	D	N	I	K	D	W

3

UNGELOESTE SICHTUNGSFAELLE

FAKE VIDEOS

UEBERSCHALL GESCHWINDIGKEIT

DESINFORMATION

CLOSE ENCOUNTER SECOND KIND

UNSERIOESE REPORTE

BESCHLAGNAHMUNG VON BEWEISEN

UFO BERICHTE

AUFNAHMEN MIT INFRAROTKAMERA

DAYLIGHT DISK

Lösung

B J W X C I O Y O L Q G Y B L B B B O

R H J O E M T N U H C O L E R N E Q T

G X W C N V R E T N U O C N E S W Q C

N G E S C H W I N D I G K E I T M L C

U M Z A N W C M W C V U Z W Y L O A L

M D P R O X Y M R D B R W V B S K Q L

H P B E I M T G X O E E G K E V O N A

A S J M T E E N Q I L V I D E O S T H

N N R A A K O F Z C L D N O C E S T C

G J N K M R B F W J E G T U E H L F S

A M A T R E Y K U Q A G H L K Y C V R

L H N O O P K S I D F P G U T B T A E

H N E R F O I W B V S G I N L U M F B

C E M A N R Z F E L G G L G G N T J E

S S H R I T E V R G N F Y E M S D Y U

E I A F S E N N I P U A A L I E H M C

B E N N E D A W C R T K D O T R M O Z

D W F I D W O P H A H E B E T I N Y W

B E U O U T U Z T M C J O S N O E S X

A B A J K H G G E P I H L T Q E Y O C

L V T X X I C I Z Q S R B E U S X B B

C H R T G Z C N C I U C Y J J E W V A

Q F U M W T J W A X M E H U P B V F L

L Q J A E W H S B Q S Y N D N I K D W

N	B	S	L	I	C	L	A	T	X	F	X	Q	J	X	U	O	I	E
V	A	T	H	M	S	O	A	S	F	K	Y	O	W	P	I	F	P	T
X	O	J	L	W	S	C	E	E	E	B	I	X	Y	Q	E	A	O	K
V	V	M	M	A	Q	G	R	U	M	E	Z	N	V	F	G	Z	L	D
U	F	O	I	S	I	S	A	M	H	L	B	F	M	M	R	G	O	F
N	V	Q	L	T	Y	C	F	M	A	L	L	Z	W	E	I	T	E	N
G	P	F	I	R	L	V	L	M	N	E	D	Y	F	P	W	S	H	M
A	R	B	T	O	W	W	U	W	F	T	Z	Q	P	L	R	Y	G	U
T	T	W	A	N	E	Z	G	A	U	S	Q	C	X	G	E	E	E	E
L	V	X	E	O	L	P	M	I	A	E	L	E	K	N	T	B	V	N
I	M	L	R	M	T	Q	A	O	O	D	W	U	O	G	E	F	V	T
C	Z	T	B	I	K	R	N	N	E	L	U	O	D	R	N	I	F	D
H	R	D	A	S	R	E	O	F	D	E	F	Y	L	D	R	F	V	E
T	Y	P	S	C	I	H	E	B	I	M	O	E	F	Y	N	T	X	C
O	I	Q	I	H	E	C	V	A	V	O	G	Y	A	P	U	Y	S	K
B	I	R	S	E	G	S	E	F	E	E	J	H	Y	I	X	O	C	U
J	F	L	S	X	K	R	R	I	N	N	W	X	H	T	C	N	L	N
E	X	K	A	A	E	O	F	E	T	X	A	H	Z	Y	M	E	G	G
K	S	D	K	T	E	F	Q	P	V	R	F	D	K	O	U	X	R	X
T	J	T	G	O	L	R	P	U	V	O	Q	O	T	S	F	E	E	Q
E	J	E	E	Q	L	E	R	K	T	B	X	B	T	A	O	U	G	L
F	F	R	M	Y	H	B	X	O	M	J	E	O	B	W	N	L	M	N
S	O	E	C	Y	L	E	P	H	Z	R	D	X	S	I	Q	Z	K	M
D	Z	V	U	F	O	U	Y	J	N	M	A	K	S	Q	R	J	D	H

UFO VIDEOAUFNAHME
UFO UEBER MILITAERBASIS
UEBERLEGENE FLUGMANOEVER
ASTRONOMISCHE ENTDECKUNG
LICHTOBJEKTE IM ZWEITEN WELTKRIEG

UFO MELDESTELLE
AREA FIFTYONE
FOTO VOM UFO
UFO FORSCHER
MUFON

Lösung

N B S L I C L A T X F X Q J X U O I E

V A T H M S O A S F K Y O W P I F P T

X O J L W S C E E E B I X Y Q E A O K

V V M M A Q G R U M E Z N V F G Z L D

U F O I S I S A M H L B F M M R G O F

N V Q L T Y C F M A L L Z W E I T E N

G P F I R L V L M N E D Y F P W S H M

A R B T O W W U W F T Z Q P L R Y G U

T T W A N E Z G A U S Q C X G E E E E

L V X E O L P M I A E L E K N T B V N

I M L R M T Q A O O D W U O G E F V T

C Z T B I K R N N E L U O D R N I F D

H R D A S R E O F D E F Y L D R F V E

T Y P S C I H E B I M O E F Y N T X C

O I Q I H E C V A V O G Y A P U Y S K

B I R S E G S E F E E J H Y I X O C U

J F L S X K R R I N N W X H T C N L N

E X K A A E O F E T X A H Z Y M E G G

K S D K T E F Q P V R F D K O U X R X

T J T G O L R P U V O Q O T S F E E Q

E J E E Q L E R K T B X B T A O U G L

F F R M Y H B X O M J E O B W N L M N

S O E C Y L E P H Z R D X S I Q Z K M

D Z V U F O U Y J N M A K S Q R J D H

E O U Q H C K I D N A P P I N G N P B
T G G B Z T K C D D E S N K B O O J Z
K H L T Z O X X R X K U Q C A I I X S
E V X L A T O E V G W R Z D Z T T R M
J E E H Q X L G Y O E W Q S H H K P Y
O Q N R L A N R U T C O N R V S A C I
R K P Z S G N U T H C I S Z T J S I N
P Q B T D C U R I C R G Z H R O G K T
S M H F R F H J J E D Z G O R Y N W E
G U U A O N E W G T B I P K D P U U L
N X Q A C H V K O R L A Z A G B H F L
U O N F J C R O I E F Y J C E W C O I
R L P G P G I R F I R V I D H L S L G
E M P K L A C N R T E U X T E A U O E
I R U A T U M K N N M O N C I B T G N
G Q X A G D G R R E I G A G M S R E T
E X I F R G W E P M E G J E H T E M E
R P H W X T C I C U H I J H A U V U B
B E N F X W L S H K E U I T L R V F Q
W F F S G Y C E V O G X T V T Z Q D S
E G Z F Y X Q D W D F H K C U E M H I
M A N O E V E R Z S X P G E N P X L U
X M O M W F I N A H B A G S G I A S F
R Q O P R O R D J L Q G C N B Y H Z X

5

VERSCHWOERUNG
WELTRAUM KIDNAPPING
INTELLIGENTE MANOEVER
VERTUSCHUNGSAKTION
DOKUMENTIERTE SICHTUNG
NOCTURNAL LIGHTS
GEHEIMHALTUNG UFO ABSTURZ
KORNKREISE
GEHEIME REGIERUNGSPROJEKTE
UFOLOGE

Lösung

E O U Q H C K I D N A P P I N G N P B
T G G B Z T K C D D E S N K B O O J Z
K H L T Z O X X R X K U Q C A I I X S
E V X L A T O E V G W R Z D Z T T R M
J E E H Q X L G Y O E W Q S H H K P Y
O Q N R L A N R U T C O N R V S A C I
R K P Z S G N U T H C I S Z T J S I N
P Q B T D C U R I C R G Z H R O G K T
S M H F R F H J J E D Z G O R Y N W E
G U U A O N E W G T B I P K D P U U L
N X Q A C H V K O R L A Z A G B H F L
U O N F J C R O I E F Y J C E W C O I
R L P G P G I R F I R V I D H L S L G
E M P K L A C N R T E U X T E A U O E
I R U A T U M K N N M O N C I B T G N
G Q X A G D G R R E I G A G M S R E T
E X I F R G W E P M E G J E H T E M E
R P H W X T C I C U H I J H A U V U B
B E N F X W L S H K E U I T L R V F Q
W F F S G Y C E V O G X T V T Z Q D S
E G Z F Y X Q D W D F H K C U E M H I
M A N O E V E R Z S X P G E N P X L U
X M O M W F I N A H B A G S G I A S F
R Q O P R O R D J L Q G C N B Y H Z X

N E G P M G Z K P A Q A V X D I U I V
E H K K O R R X P R A E N E J A N A U
G C Q B T E A K X X S B K I Z E S G Q
N I M U D T D Z V W G H X X T Q G S I
U L C S L S A K K W E E Z Q H H I F C
T T B R I U R V P J K I I R P R D N U
H T F C B M P O S P U F A N V M W T G
C I B H K S C V O B F G M P E S A N N
I R M V S G M G G G W W D T L G E K F
S H W D F N B E I R T N A A E R S E U
T C B T N U E A P F F N U S K Z B I R
H S F E K G G T E R E S S E M Q R N F
C T X C H E H I W R I I N H I U O E U
A R F H X W E G A V C N B M O U Q K A
N O Z N Y E D B R H B B N H S W R O N
N F D I W B R O T A K P P W J E K Y E
S L M K W E U U R E I G O L O F U M G
Z Q M N A A N E N J E C I Y G I R V U
S N V L O G R L H A G V T C L Z O C E
G O K J E E N I O B W M H R E B E U Z
E R F N A Z L A I R E T A M O E D I V
E T E U K E I N Y S Y O E S R K W Y E
E T H C I R E B S N E I D M I E H E G
E B H Z B U D S W M T S Q M P S F P G

BILD UND VIDEOMATERIAL UEBER UFOS
KEINE ERKLAERBAREN BEWEGUNGSMUSTER

TAGESSICHTUNGEN
NACHTSICHTUNGEN
RADAR VISUALS
ZEUGENAUFRUF
UFOLOGIE

Lösung

N E G P M G Z K P A Q A V X D I U I V
E H K K O R R X P R A E N E J A N A U
G C Q B T E A K X X S B K I Z E S G Q
N I M U D T D Z V W G H X X T Q G S I
U L C S L S A K K W E E Z Q H H I F C
T T B R I U R V P J K I I R P R D N U
H T F C B M P O S P U F A N V M W T G
C I B H K S C V O B F G M P E S A N N
I R M V S G M G G G W W D T L G E K F
S H W D F N B E I R T N A A E R S E U
T C B T N U E A P F F N U S K Z B I R
H S F E K G G T E R E S S E M Q R N F
C T X C H E H I W R I I N H I U O E U
A R F H X W E G A V C N B M O U Q K A
N O Z N Y E D B R H B B N H S W R O N
N F D I W B R O T A K P P W J E K Y E
S L M K W E U U R E I G O L O F U M G
Z Q M N A A N E N J E C I Y G I R V U
S N V L O G R L H A G V T C L Z O C E
G O K J E E N I O B W M H R E B E U Z
E R F N A Z L A I R E T A M O E D I V
E T E U K E I N Y S Y O E S R K W Y E
E T H C I R E B S N E I D M I E H E G
E B H Z B U D S W M T S Q M P S F P G

N	P	X	V	P	C	U	U	X	Q	Q	P	R	Q	L	C	A	Y	H
E	L	C	X	L	A	A	F	M	Y	D	P	A	H	G	K	K	O	V
G	I	T	E	S	B	D	M	O	R	K	J	E	L	J	M	X	V	V
N	K	A	I	N	Z	I	F	Y	S	T	T	H	R	P	J	D	Y	W
U	L	I	F	C	T	W	K	N	P	D	D	C	D	L	H	A	G	H
N	E	G	D	E	R	A	E	W	J	F	C	S	T	I	U	A	R	X
I	M	I	A	V	K	T	U	A	Z	D	C	I	B	U	S	Z	Z	X
E	M	R	U	T	O	J	V	R	E	Z	T	D	I	B	A	N	R	O
H	I	S	J	L	O	V	U	B	I	S	E	R	L	I	R	G	L	L
C	H	A	I	E	B	F	Q	U	W	Y	J	I	D	N	E	M	K	T
S	S	P	V	A	E	Y	U	U	J	O	K	R	A	B	M	R	E	U
R	Q	L	X	H	D	N	U	A	L	E	Y	E	N	X	A	O	J	T
E	A	M	V	A	G	N	U	T	H	C	I	S	A	K	K	F	E	I
T	R	E	D	L	I	B	R	A	D	A	R	S	L	E	D	S	T	T
H	U	Y	L	G	V	I	A	K	Z	S	G	U	Y	D	R	N	S	S
C	O	R	X	O	J	S	F	M	Y	G	E	A	S	N	O	E	L	N
I	W	E	L	T	T	U	M	E	E	V	U	S	E	E	B	B	Q	I
L	X	C	B	F	P	F	D	G	W	C	A	A	N	Z	D	E	L	O
Y	E	H	C	S	I	L	L	A	T	E	M	N	Z	N	Z	L	U	Y
L	N	W	A	W	K	S	F	E	F	U	L	P	Y	E	K	I	B	C
W	U	M	N	T	Q	O	V	S	Z	S	O	W	X	A	B	U	H	Y
Z	C	I	O	M	Z	E	S	E	Y	V	A	N	N	L	T	C	F	C
Z	R	D	B	D	V	F	Y	G	J	B	V	S	S	G	X	F	C	T
Q	P	J	H	H	C	R	U	D	Y	G	X	W	C	G	B	E	A	W

7

AUSSERIRDISCHE LEBENSFORM
BORDKAMERAS DER NAVY JETS
SICHTUNG DURCH NAVY PILOTEN
METALLISCHE GLAENZENDE UFOS
LICHTERSCHEINUNGEN AM HIMMEL
ALPHA CENTAURI
BILDANALYSEN
RADARBILDER
WELT UFOTAG
SETI INSTITUT

Lösung

N P X V P C U U X Q Q P R Q L C A Y H

E L C X L A A F M Y D P A H G K K O V

G I T E S B D M O R K J E L J M X V V

N K A I N Z I F Y S T T H R P J D Y W

U L I F C T W K N P D D C D L H A G H

N E G D E R A E W J F C S T I U A R X

I M I A V K T U A Z D C I B U S Z Z X

E M R U T O J V R E Z T D I B A N R O

H I S J L O V U B I S E R L I R G L L

C H A I E B F Q U W Y J I D N E M K T

S S P V A E Y U U J O K R A B M R E U

R Q L X H D N U A L E Y E N X A O J T

E A M V A G N U T H C I S A K K F E I

T R E D L I B R A D A R S L E D S T T

H U Y L G V I A K Z S G U Y D R N S S

C O R X O J S F M Y G E A S N O E L N

I W E L T T U M E E V U S E E B B Q I

L X C B F P F D G W C A A N Z D E L O

Y E H C S I L L A T E M N Z N Z L U Y

L N W A W K S F E F U L P Y E K I B C

W U M N T Q O V S Z S O W X A B U H Y

Z C I O M Z E S E Y V A N N L T C F C

Z R D B D V F Y G J B V S S G X F C T

Q P J H H C R U D Y G X W C G B E A W

A	U	G	E	N	Z	E	U	G	E	N	H	Q	Z	Q	Y	E	B	Q
C	U	E	R	U	A	U	E	G	C	A	S	S	G	V	E	V	E	J
V	R	P	S	U	V	C	K	A	E	U	K	Q	U	B	J	S	O	O
R	V	R	W	O	L	M	H	S	V	O	R	U	J	M	W	Z	B	R
H	R	W	Q	F	G	N	M	X	N	A	Y	E	A	U	C	X	A	I
J	Z	E	N	U	Y	C	E	T	G	T	L	T	E	T	S	Z	C	R
G	L	Q	Y	H	W	M	A	I	R	G	U	O	S	T	O	J	H	C
R	E	P	U	S	B	K	X	A	L	S	A	U	C	E	R	X	T	Q
W	S	A	J	I	T	Z	P	T	G	A	Q	Q	M	R	D	G	U	D
A	B	T	R	A	N	S	P	O	R	T	N	S	G	S	D	I	N	E
Z	I	P	I	A	M	O	N	W	U	V	E	G	N	C	U	I	G	C
K	E	T	P	N	I	C	H	T	E	L	T	N	U	H	D	P	H	N
L	L	I	D	A	B	S	U	E	L	B	K	U	H	I	A	Y	I	A
R	B	U	W	K	W	Q	G	C	S	V	A	R	C	F	F	F	E	V
M	R	R	A	G	S	T	G	A	E	N	M	E	S	F	W	O	G	D
M	E	B	N	G	N	Y	C	P	V	A	I	A	R	M	M	K	N	A
S	B	Z	S	E	V	I	N	S	M	D	E	L	O	Z	U	R	I	P
R	E	T	Z	Z	U	S	K	O	G	L	H	K	F	E	S	E	Y	D
O	U	E	A	G	Q	W	U	R	M	H	E	F	R	X	C	M	L	V
C	V	S	I	R	S	C	D	E	O	T	G	U	X	M	M	U	F	Q
B	G	E	J	M	I	X	O	A	I	W	B	A	T	H	R	E	A	T
H	A	G	E	N	L	G	U	X	F	U	S	J	W	H	L	K	U	E
K	Z	A	Y	K	E	V	R	B	Y	R	Z	O	C	N	N	U	J	Z
F	U	K	Y	K	O	M	P	L	E	T	T	D	B	F	W	Z	P	A

8

US GESETZ ZUR UFO FORSCHUNG
FLYING SAUCER WORKING PARTY
ADVANCED AEROSPACE THREAT ID
ABTRANSPORT ALIEN UEBERBLEIBSEL
AUFKLAERUNGSQUOTE NICHT KOMPLETT

KONTAKT
GEHEIMAKTEN
AUGENZEUGEN
BEOBACHTUNG
MUTTERSCHIFF

Lösung

A	U	G	E	N	Z	E	U	G	E	N	H	Q	Z	Q	Y	E	B	Q
C	U	E	R	U	A	U	E	G	C	A	S	S	G	V	E	V	E	J
V	R	P	S	U	V	C	K	A	E	U	K	Q	U	B	J	S	O	O
R	V	R	W	O	L	M	H	S	V	O	R	U	J	M	W	Z	B	R
H	R	W	Q	F	G	N	M	X	N	A	Y	E	A	U	C	X	A	I
J	Z	E	N	U	Y	C	E	T	G	T	L	T	E	T	S	Z	C	R
G	L	Q	Y	H	W	M	A	I	R	G	U	O	S	T	O	J	H	C
R	E	P	U	S	B	K	X	A	L	S	A	U	C	E	R	X	T	Q
W	S	A	J	I	T	Z	P	T	G	A	Q	Q	M	R	D	G	U	D
A	B	T	R	A	N	S	P	O	R	T	N	S	G	S	D	I	N	E
Z	I	P	I	A	M	O	N	W	U	V	E	G	N	C	U	I	G	C
K	E	T	P	N	I	C	H	T	E	L	T	N	U	H	D	P	H	N
L	L	I	D	A	B	S	U	E	L	B	K	U	H	I	A	Y	I	A
R	B	U	W	K	W	Q	G	C	S	V	A	R	C	F	F	F	E	V
M	R	R	A	G	S	T	G	A	E	N	M	E	S	F	W	O	G	D
M	E	B	N	G	N	Y	C	P	V	A	I	A	R	M	M	K	N	A
S	B	Z	S	E	V	I	N	S	M	D	E	L	O	Z	U	R	I	P
R	E	T	Z	Z	U	S	K	O	G	L	H	K	F	E	S	E	Y	D
O	U	E	A	G	Q	W	U	R	M	H	E	F	R	X	C	M	L	V
C	V	S	I	R	S	C	D	E	O	T	G	U	X	M	M	U	F	Q
B	G	E	J	M	I	X	O	A	I	W	B	A	T	H	R	E	A	T
H	A	G	E	N	L	G	U	X	F	U	S	J	W	H	L	K	U	E
K	Z	A	Y	K	E	V	R	B	Y	R	Z	O	C	N	N	U	J	Z
F	U	K	Y	K	O	M	P	L	E	T	T	D	B	F	W	Z	P	A

G	N	U	T	H	C	I	S	E	L	A	N	O	I	T	A	N	C	H
N	Q	U	L	D	U	N	S	R	B	P	U	I	Y	S	H	L	G	D
A	E	S	O	L	D	F	Z	T	E	M	B	J	X	I	O	M	O	R
Z	L	R	K	L	F	E	O	D	R	T	L	T	B	S	K	A	S	B
T	J	H	G	M	M	R	Q	A	W	O	N	R	E	Q	U	L	U	P
S	W	O	T	S	D	D	W	T	U	W	M	U	N	H	F	B	M	L
T	L	S	M	W	O	E	L	E	L	S	Y	A	O	X	O	B	V	M
A	I	G	S	B	S	K	K	N	I	A	S	F	U	C	A	U	F	T
L	H	W	A	R	M	U	G	B	O	D	X	A	Q	S	N	O	K	C
I	Q	M	R	K	J	R	U	A	L	E	T	A	G	I	F	E	H	X
E	A	M	H	U	C	C	O	N	D	O	I	O	L	E	A	A	P	J
N	O	O	M	R	I	S	I	K	O	M	L	D	G	C	O	C	L	O
P	D	I	E	H	C	S	I	D	R	I	R	E	S	S	U	A	L	L
R	L	P	B	X	H	B	X	X	W	Y	N	V	G	W	L	M	S	Y
O	Z	H	V	Y	E	U	H	K	R	A	R	A	P	S	K	N	Q	H
J	Z	H	W	Y	W	E	X	N	O	I	T	A	V	R	E	S	B	O
E	O	S	I	Y	X	Z	C	J	V	M	G	C	F	H	R	Z	L	T
K	Z	N	E	G	I	L	L	E	T	N	I	Y	I	M	C	W	T	C
T	F	A	H	C	S	N	E	S	S	I	W	O	D	U	E	S	P	Z
H	T	H	F	K	S	S	T	K	L	E	K	M	S	S	Z	I	U	H
P	I	N	A	G	D	Y	B	D	D	A	G	Z	H	V	R	V	H	S
W	D	Y	U	Y	V	N	U	F	P	A	H	A	O	B	K	E	T	E
P	C	M	C	N	E	L	C	Y	A	Y	Z	F	A	Q	E	D	L	L
G	N	Z	F	S	A	N	G	X	R	A	U	E	S	Y	F	I	I	V

9

CLOSE ENCOUNTER
NATIONALES RISIKO
ERDE IST ALIENPROJEKT
AUSSERIRDISCHE INTELLIGENZ
STROMAUSFALL BEI UFO SICHTUNG
PSEUDOWISSENSCHAFT
OBAMA UFOAUSSAGE
UFO DATENBANK
OBSERVATION
HOAX

Lösung

G	N	U	T	H	C	I	S	E	L	A	N	O	I	T	A	N	C	H
N	Q	U	L	D	U	N	S	R	B	P	U	I	Y	S	H	L	G	D
A	E	S	O	L	D	F	Z	T	E	M	B	J	X	I	O	M	O	R
Z	L	R	K	L	F	E	O	D	R	T	L	T	B	S	K	A	S	B
T	J	H	G	M	M	R	Q	A	W	O	N	R	E	Q	U	L	U	P
S	W	O	T	S	D	D	W	T	U	W	M	U	N	H	F	B	M	L
T	L	S	M	W	O	E	L	E	L	S	Y	A	O	X	O	B	V	M
A	I	G	S	B	S	K	K	N	I	A	S	F	U	C	A	U	F	T
L	H	W	A	R	M	U	G	B	O	D	X	A	Q	S	N	O	K	C
I	Q	M	R	K	J	R	U	A	L	E	T	A	G	I	F	E	H	X
E	A	M	H	U	C	C	O	N	D	O	I	O	L	E	A	A	P	J
N	O	O	M	R	I	S	I	K	O	M	L	D	G	C	O	C	L	O
P	D	I	E	H	C	S	I	D	R	I	R	E	S	S	U	A	L	L
R	L	P	B	X	H	B	X	X	W	Y	N	V	G	W	L	M	S	Y
O	Z	H	V	Y	E	U	H	K	R	A	R	A	P	S	K	N	Q	H
J	Z	H	W	Y	W	E	X	N	O	I	T	A	V	R	E	S	B	O
E	O	S	I	Y	X	Z	C	J	V	M	G	C	F	H	R	Z	L	T
K	Z	N	E	G	I	L	L	E	T	N	I	Y	I	M	C	W	T	C
T	F	A	H	C	S	N	E	S	S	I	W	O	D	U	E	S	P	Z
H	T	H	F	K	S	S	T	K	L	E	K	M	S	S	Z	I	U	H
P	I	N	A	G	D	Y	B	D	D	A	G	Z	H	V	R	V	H	S
W	D	Y	U	Y	V	N	U	F	P	A	H	A	O	B	K	E	T	E
P	C	M	C	N	E	L	C	Y	A	Y	Z	F	A	Q	E	D	L	L
G	N	Z	F	S	A	N	G	X	R	A	U	E	S	Y	F	I	I	V

T	B	P	P	V	D	W	I	T	D	M	W	F	O	D	K	A	F	W
M	X	U	F	O	J	J	D	U	F	O	A	L	U	H	U	T	T	W
B	E	W	E	I	S	E	L	A	N	O	I	T	A	N	T	U	Z	S
E	C	R	O	F		K	S	A	T	O	U	N	N	R	L	O	C	D
L	U	F	T	P	H	A	E	N	O	M	E	N	U	S	B	H	F	C
P	M	F	I	F	C	W	V	A	Y	W	R	E	I	E	I	F	Z	U
T	S	A	N	H	I	K	S	W	Z	W	M	C	G	R	E	U	A	O
I	L	U	Y	E	P	M	K	T	S	M	H	E	M	N	V	P	J	S
X	A	U	D	L	D	I	C	R	E	T	G	T	X	G	E	T	Y	A
B	C	H	G	Q	Y	E	I	R	U	N	T	R	O	G	R	Y	N	H
T	U	N	I	R	Q	F	T	N	U	L	Q	E	P	C	S	S	A	P
O	N	E	Q	U	Z	E	G	N	B	T	X	S	B	U	C	P	G	B
B	D	T	E	X	I	L	G	X	W	P	I	D	Q	Y	H	E	H	A
X	X	K	L	L	T	E	E	P	E	W	E	M	G	Z	L	K	M	T
V	J	A	E	X	N	A	T	R	U	M	F	T	X	O	O	T	V	U
Q	G	F	S	Q	D	I	I	Q	F	K	C	U	W	L	S	A	E	O
Y	C	E	K	K	U	M	M	B	O	J	N	H	I	U	S	K	I	X
P	C	T	D	K	E	F	Q	H	V	S	W	M	K	F	E	U	E	M
P	D	R	U	N	B	E	K	A	N	N	T	E	S	O	N	L	G	Q
Q	A	A	T	J	W	D	U	Y	L	Q	U	D	Q	A	E	A	C	E
U	K	E	G	N	U	G	I	D	I	E	T	R	E	V	U	E	W	N
T	C	T	S	U	P	C	B	Q	V	W	C	I	G	A	U	R	U	X
T	T	F	U	M	M	G	B	A	P	K	C	V	P	P	F	E	U	W
A	J	H	B	V	O	J	R	V	K	V	H	W	K	J	K	T	T	T

10

ALUHUT SCHIRMT AB — NATIONALE VERTEIDIGUNG

BEWEISE VERSCHLOSSEN — UFO TRUEMMERTEILE

SPEKTAKULAERE BEGEGNUNGEN — UAP TASK FORCE

UNBEKANNTES LUFTPHAENOMEN — UFO SICHTUNG

EXPERIMENTE MIT UFO ARTEFAKTEN — UFO HYPE

Lösung

T	B	P	P	V	D	W	I	T	D	M	W	F	O	D	K	A	F	W
M	X	U	F	O	J	J	D	U	F	O	A	L	U	H	U	T	T	W
B	E	W	E	I	S	E	L	A	N	O	I	T	A	N	T	U	Z	S
E	C	R	O	F		K	S	A	T	O	U	N	N	R	L	O	C	D
L	U	F	T	P	H	A	E	N	O	M	E	N	U	S	B	H	F	C
P	M	F	I	F	C	W	V	A	Y	W	R	E	I	E	I	F	Z	U
T	S	A	N	H	I	K	S	W	Z	W	M	C	G	R	E	U	A	O
I	L	U	Y	E	P	M	K	T	S	M	H	E	M	N	V	P	J	S
X	A	U	D	L	D	I	C	R	E	T	G	T	X	G	E	T	Y	A
B	C	H	G	Q	Y	E	I	R	U	N	T	R	O	G	R	Y	N	H
T	U	N	I	R	Q	F	T	N	U	L	Q	E	P	C	S	S	A	P
O	N	E	Q	U	Z	E	G	N	B	T	X	S	B	U	C	P	G	B
B	D	T	E	X	I	L	G	X	W	P	I	D	Q	Y	H	E	H	A
X	X	K	L	L	T	E	E	P	E	W	E	M	G	Z	L	K	M	T
V	J	A	E	X	N	A	T	R	U	M	F	T	X	O	O	T	V	U
Q	G	F	S	Q	D	I	I	Q	F	K	C	U	W	L	S	A	E	O
Y	C	E	K	K	U	M	M	B	O	J	N	H	I	U	S	K	I	X
P	C	T	D	K	E	F	Q	H	V	S	W	M	K	F	E	U	E	M
P	D	R	U	N	B	E	K	A	N	N	T	E	S	O	N	L	G	Q
Q	A	A	T	J	W	D	U	Y	L	Q	U	D	Q	A	E	A	C	E
U	K	E	G	N	U	G	I	D	I	E	T	R	E	V	U	E	W	N
T	C	T	S	U	P	C	B	Q	V	W	C	I	G	A	U	R	U	X
T	T	F	U	M	M	G	B	A	P	K	C	V	P	P	F	E	U	W
A	J	H	B	V	O	J	R	V	K	V	H	W	K	J	K	T	T	T

N	V	C	Q	M	A	T	P	V	F	M	T	G	B	N	Q	F	H	S
E	I	S	T	E	R	N	S	C	H	N	U	P	P	E	N	J	R	U
G	A	I	M	T	C	S	P	V	C	N	N	B	R	N	P	E	F	P
N	X	S	Z	D	L	F	S	B	A	Y	B	D	G	O	M	C	L	S
U	B	M	W	F	M	F	F	R	Z	E	S	T	V	I	S	V	K	Z
L	P	J	F	P	M	R	N	H	Y	T	N	K	M	T	Y	E	Q	G
E	F	L	Z	Y	V	E	L	L	E	H	O	A	A	K	Y	N	F	H
G	N	T	A	K	A	L	F	E	T	N	L	Q	N	E	H	I	Z	O
E	U	M	R	N	F	Q	K	G	N	E	L	E	I	L	W	V	Z	M
I	I	U	M	W	E	P	D	T	D	N	A	M	P	F	L	C	D	O
P	N	K	F	Y	U	T	X	A	I	R	B	V	U	E	I	R	X	P
S	U	D	O	I	K	C	E	K	G	E	M	P	L	R	X	E	X	Z
T	R	W	C	J	V	V	L	N	I	T	U	N	A	N	O	T	I	H
F	D	P	B	G	U	W	A	B	T	A	I	E	T	E	Q	H	E	Y
U	W	U	Y	O	V	O	V	E	A	L	L	N	I	S	E	C	D	N
L	F	T	P	G	T	L	V	L	L	S	E	H	O	N	Z	I	N	L
I	T	A	U	P	D	K	M	E	E	L	H	O	N	I	Y	L	E	K
D	X	U	C	K	B	E	X	U	Y	E	J	R	E	L	Q	R	T	L
B	X	S	D	Z	W	N	S	C	C	M	N	D	N	R	K	A	H	H
H	L	Z	Z	H	A	H	L	H	M	M	Q	R	Q	V	D	L	C	J
U	S	P	Z	K	D	G	F	T	W	I	O	L	E	K	K	O	U	P
S	X	F	Y	H	A	K	Q	E	I	H	V	B	X	T	F	P	E	G
H	E	I	S	S	L	U	F	T	B	A	L	L	O	N	S	Y	L	Q
F	X	W	I	R	P	Y	I	E	G	H	G	Y	H	W	H	I	O	A

11

Fälschliche Ufo Sichtungen

LUFTSPIEGELUNGEN
HEISSLUFTBALLONS
LEUCHTENDE STERNE
LINSENREFLEKTIONEN
BELEUCHTETE DROHNEN
DIGITALE MANIPULATIONEN

HIMMELSLATERNEN
STERNSCHNUPPEN
HELIUMBALLONS
HELLE PLANETEN
POLARLICHTER
WOLKEN

Lösung

N V C Q M A T P V F M T G B N Q F H S
E I S T E R N S C H N U P P E N J R U
G A I M T C S P V C N N B R N P E F P
N X S Z D L F S B A Y B D G O M C L S
U B M W F M F F R Z E S T V I S V K Z
L P J F P M R N H Y T N K M T Y E Q G
E F L Z Y V E L L E H O A A K Y N F H
G N T A K A L F E T N L Q N E H I Z O
E U M R N F Q K G N E L E I L W V Z M
I I U M W E P D T D N A M P F L C D O
P N K F Y U T X A I R B V U E I R X P
S U D O I K C E K G E M P L R X E X Z
T R W C J V V L N I T U N A N O T I H
F D P B G U W A B T A I E T E Q H E Y
U W U Y O V O V E A L L N I S E C D N
L F T P G T L V L L S E H O N Z I N L
I T A U P D K M E E L H O N I Y L E K
D X U C K B E X U Y E J R E L Q R T L
B X S D Z W N S C C M N D N R K A H H
H L Z Z H A H L H M M Q R Q V D L C J
U S P Z K D G F T W I O L E K K O U P
S X F Y H A K Q E I H V B X T F P E G
H E I S S L U F T B A L L O N S Y L Q
F X W I R P Y I E G H G Y H W H I O A

O	I	F	X	G	E	Q	S	A	T	E	L	L	I	T	E	N	I	R
L	Z	U	S	L	J	V	V	M	L	E	N	E	T	K	E	S	N	I
A	E	B	E	E	I	D	U	J	G	Z	U	W	D	Y	O	G	M	D
C	U	K	R	B	J	N	I	U	K	X	T	Q	T	I	M	E	X	A
A	K	F	I	I	W	F	S	E	S	S	E	L	N	V	P	D	G	V
K	E	A	U	T	A	S	J	E	F	J	N	S	E	C	Y	L	F	A
N	F	C	O	R	R	Z	A	M	H	N	W	O	N	L	E	G	L	M
I	K	I	Y	S	M	A	L	R	I	T	O	X	J	I	S	J	U	L
N	J	J	K	W	I	N	P	M	J	Q	L	E	B	O	L	C	G	E
C	F	J	W	S	G	H	P	Z	I	B	L	Y	M	B	K	H	Z	G
W	V	K	G	A	J	A	S	Q	T	D	M	C	N	I	K	U	E	E
E	F	B	Y	V	Q	G	C	W	C	U	C	G	J	C	E	Y	U	O
T	Z	G	T	S	H	D	V	X	B	Z	M	Y	N	T	U	H	G	V
T	S	L	X	E	F	E	C	M	F	E	S	H	Z	T	F	F	E	K
E	S	N	O	L	L	A	B	S	G	N	U	H	C	S	R	O	F	G
R	B	G	C	N	E	F	R	O	W	E	G	Q	U	S	U	E	E	N
B	T	R	R	C	L	U	F	T	N	X	F	G	P	P	I	R	P	U
A	U	S	L	A	E	N	D	I	S	C	H	E	E	O	U	D	B	F
L	S	I	N	N	E	S	T	A	E	U	S	C	H	U	N	G	E	N
L	Y	B	A	R	Z	D	N	A	T	S	N	E	G	E	G	V	S	A
O	M	X	U	S	T	O	E	R	S	I	G	N	A	L	E	H	H	N
N	N	M	F	R	O	M	E	K	P	X	M	W	C	Z	V	K	P	P
S	U	Q	J	I	P	Q	C	E	M	E	T	S	Y	S	I	U	A	O
W	E	T	T	E	R	P	H	A	E	N	O	M	E	N	E	T	N	W

12

Fälschliche Ufo Sichtungen

INSEKTEN AUF LINSE

WETTERPHAENOMENE

FORSCHUNGSBALLONS

WETTERBALLONS

SINNESTAEUSCHUNGEN

STOERSIGNALE

SCHMUTZPARTIKEL AUF LINSE

SATELLITEN

GEGENSTAND IN LUFT GEWORFEN

FLUGZEUGE

GEHEIME AUSLAENDISCHE SYSTEME

VOEGEL

Lösung

O	I	F	X	G	E	Q	S	A	T	E	L	L	I	T	E	N	I	R
L	Z	U	S	L	J	V	V	M	L	E	N	E	T	K	E	S	N	I
A	E	B	E	E	I	D	U	J	G	Z	U	W	D	Y	O	G	M	D
C	U	K	R	B	J	N	I	U	K	X	T	Q	T	I	M	E	X	A
A	K	F	I	I	W	F	S	E	S	S	E	L	N	V	P	D	G	V
K	E	A	U	T	A	S	J	E	F	J	N	S	E	C	Y	L	F	A
N	F	C	O	R	R	Z	A	M	H	N	W	O	N	L	E	G	L	M
I	K	I	Y	S	M	A	L	R	I	T	O	X	J	I	S	J	U	L
N	J	J	K	W	I	N	P	M	J	Q	L	E	B	O	L	C	G	E
C	F	J	W	S	G	H	P	Z	I	B	L	Y	M	B	K	H	Z	G
W	V	K	G	A	J	A	S	Q	T	D	M	C	N	I	K	U	E	E
E	F	B	Y	V	Q	G	C	W	C	U	C	G	J	C	E	Y	U	O
T	Z	G	T	S	H	D	V	X	B	Z	M	Y	N	T	U	H	G	V
T	S	L	X	E	F	E	C	M	F	E	S	H	Z	T	F	F	E	K
E	S	N	O	L	L	A	B	S	G	N	U	H	C	S	R	O	F	G
R	B	G	C	N	E	F	R	O	W	E	G	Q	U	S	U	E	E	N
B	T	R	R	C	L	U	F	T	N	X	F	G	P	P	I	R	P	U
A	U	S	L	A	E	N	D	I	S	C	H	E	E	O	U	D	B	F
L	S	I	N	N	E	S	T	A	E	U	S	C	H	U	N	G	E	N
L	Y	B	A	R	Z	D	N	A	T	S	N	E	G	E	G	V	S	A
O	M	X	U	S	T	O	E	R	S	I	G	N	A	L	E	H	H	N
N	N	M	F	R	O	M	E	K	P	X	M	W	C	Z	V	K	P	P
S	U	Q	J	I	P	Q	C	E	M	E	T	S	Y	S	I	U	A	O
W	E	T	T	E	R	P	H	A	E	N	O	M	E	N	E	T	N	W

G	N	V	F	O	V	N	S	S	X	R	G	Z	M	S	W	Y	G	T
N	X	Z	V	R	D	E	B	F	Y	X	O	B	X	K	G	O	U	E
U	W	Y	Q	N	I	N	V	A	S	I	O	N	T	A	G	H	O	N
R	W	H	O	U	H	U	F	O	K	G	U	T	S	O	T	F	K	A
E	B	M	S	N	E	I	L	A	R	J	K	Y	T	F	I	Q	Q	L
D	K	M	W	C	J	B	S	K	I	M	H	H	U	U	Y	T	R	P
N	R	E	A	Z	Y	U	P	K	E	G	R	C	E	W	C	W	H	T
A	Y	E	T	B	V	P	I	H	G	H	Y	N	T	V	I	T	M	A
W	C	P	N	L	Z	V	O	K	O	X	E	X	Z	M	A	M	Q	M
R	X	S	U	H	I	M	N	I	O	I	V	M	P	P	U	S	L	I
E	G	D	R	D	O	B	A	O	L	V	G	W	U	Q	S	D	D	E
T	I	E	Q	E	S	W	G	A	D	T	Y	H	N	W	S	Q	E	H
N	D	A	Y	Z	D	B	E	D	F	Z	U	R	K	W	E	F	S	L
U	D	F	E	X	M	U	S	B	N	K	G	L	T	L	R	R	Z	S
O	U	F	O	Z	M	P	A	M	S	N	O	J	N	U	I	S	N	W
L	B	Q	B	S	N	U	T	X	P	R	N	A	J	Z	R	Y	A	L
M	M	P	K	M	J	V	E	E	B	P	A	D	K	F	D	J	Q	V
I	H	Z	Q	R	N	E	L	W	B	S	E	M	N	L	I	Q	V	B
L	B	H	O	F	E	M	L	K	W	J	Q	B	G	F	S	A	I	S
K	X	Q	L	I	T	C	I	O	F	W	A	M	G	B	C	W	R	O
G	N	P	P	E	L	V	T	R	A	R	T	K	S	F	H	G	E	F
C	A	M	X	E	E	Z	E	O	K	B		E	D	R	E	L	T	J
A	U	F	W	G	W	F	N	Z	O	E	S	Y	X	N	I	Y	N	M
W	B	X	X	K	M	A	Q	N	R	D	P	S	I	S	A	B	U	U

13

UFO BASIS
ALIENS UNTER UNS
UFO HEIMATPLANET
UFO SPIONAGESATELLITEN
ALIEN STUETZPUNKT AUF MOND
UNTERWANDERUNG ERDE
KRIEG DER WELTEN
MARSBEWOHNER
AUSSERIRDISCHE
INVASION

Lösung

G N V F O V N S S X R G Z M S W Y G T
N X Z V R D E B F Y X O B X K G O U E
U W Y Q N I N V A S I O N T A G H O N
R W H O U H U F O K G U T S O T F K A
E B M S N E I L A R J K Y T F I Q Q L
D K M W C J B S K I M H H U U Y T R P
N R E A Z Y U P K E G R C E W C W H T
A Y E T B V P I H G H Y N T V I T M A
W C P N L Z V O K O X E X Z M A M Q M
R X S U H I M N I O I V M P P U S L I
E G D R D O B A O L V G W U Q S D D E
T I E Q E S W G A D T Y H N W S Q E H
N D A Y Z D B E D F Z U R K W E F S L
U D F E X M U S B N K G L T L R R Z S
O U F O Z M P A M S N O J N U I S N W
L B Q B S N U T X P R N A J Z R Y A L
M M P K M J V E E B P A D K F D J Q V
I H Z Q R N E L W B S E M N L I Q V B
L B H O F E M L K W J Q B G F S A I S
K X Q L I T C I O F W A M G B C W R O
G N P P E L V T R A R T K S F H G E F
C A M X E E Z E O K B E D R E L T J
A U F W G W F N Z O E S Y X N I Y N M
W B X X K M A Q N R D P S I S A B U U

I	A	R	H	P	M	H	P	L	T	Q	E	L	P	Q	O	L	R	K
N	F	A	N	D	J	O	J	D	D	O	R	W	S	A	F	N	I	R
V	L	M	T	H	L	W	V	X	L	D	N	O	E	J	U	T	B	H
B	I	X	U	A	O	T	Y	G	Y	L	W	S	X	Q	S	O	N	Z
L	E	O	H	V	J	V	F	D	B	F	S	L	V	C	K	B	V	Y
V	G	A	Z	S	M	B	A	T	O	A	Z	G	L	A	C	P	G	T
T	E	Y	D	Q	Q	D	U	L	T	K	I	K	U	L	E	X	K	W
Q	N	D	T	Y	S	L	A	R	F	T	V	E	I	P	I	A	B	J
N	D	A	S	K	B	E	E	G	R	O	V	E	N	D	E	K	P	N
A	E	U	M	Y	E	T	G	A	L	E	E	G	U	I	R	G	U	L
C	L	K	X	P	N	J	N	I	P	O	S	R	O	R	D	Q	I	B
P	S	D	P	U	V	E	B	J	M	H	C	E	M	N	U	C	M	M
G	B	Q	Z	F	T	O	H	O	U	R	O	K	O	I	H	Y	E	G
R	U	Y	K	E	P	N	Z	Y	L	Z	E	N	E	T	G	W	S	F
E	G	I	K	C	E	T	H	C	E	R	K	O	K	N	N	I	X	W
X	N	A	V	B	Q	A	E	M	E	K	E	U	F	M	F	K	E	L
T	R	A	N	S	P	A	R	E	N	T	G	H	R	V	E	O	V	Y
U	Q	I	A	S	C	H	E	I	B	E	N	F	O	R	M	M	R	B
E	Y	K	R	F	R	X	J	G	L	Q	I	Y	B	K	T	Q	K	M
Q	I	E	N	Y	Z	Q	R	N	S	K	V	A	T	I	Z	L	Z	X
Q	J	L	O	L	N	M	A	H	O	Y	I	J	M	A	M	R	O	F
X	S	O	Z	Z	Q	O	T	Q	Y	K	Q	M	A	K	P	X	Z	L
Z	V	O	D	F	Q	X	D	B	P	N	X	K	N	E	O	J	B	T
Q	V	D	T	V	E	W	K	G	L	K	A	V	N	C	N	F	K	J

Ufo
Erscheinungs-
formen

RAKETENARTIG
SCHEIBENFORM
RECHTECKIGE FORM
VFOERMIGES OBJEKT
FLIEGENDE UNTERTASSE

LICHTKUGEL
DREIECKSUFO
OVALFOERMIG
HALB TRANSPARENT
GLOCKENFORM

Lösung

I	A	R	H	P	M	H	P	L	T	Q	E	L	P	Q	O	L	R	K
N	F	A	N	D	J	O	J	D	D	O	R	W	S	A	F	N	I	R
V	L	M	T	H	L	W	V	X	L	D	N	O	E	J	U	T	B	H
B	I	X	U	A	O	T	Y	G	Y	L	W	S	X	Q	S	O	N	Z
L	E	O	H	V	J	V	F	D	B	F	S	L	V	C	K	B	V	Y
V	G	A	Z	S	M	B	A	T	O	A	Z	G	L	A	C	P	G	T
T	E	Y	D	Q	Q	D	U	L	T	K	I	K	U	L	E	X	K	W
Q	N	D	T	Y	S	L	A	R	F	T	V	E	I	P	I	A	B	J
N	D	A	S	K	B	E	E	G	R	O	V	E	N	D	E	K	P	N
A	E	U	M	Y	E	T	G	A	L	E	E	G	U	I	R	G	U	L
C	L	K	X	P	N	J	N	I	P	O	S	R	O	R	D	Q	I	B
P	S	D	P	U	V	E	B	J	M	H	C	E	M	N	U	C	M	M
G	B	Q	Z	F	T	O	H	O	U	R	O	K	O	I	H	Y	E	G
R	U	Y	K	E	P	N	Z	Y	L	Z	E	N	E	T	G	W	S	F
E	G	I	K	C	E	T	H	C	E	R	K	O	K	N	N	I	X	W
X	N	A	V	B	Q	A	E	M	E	K	E	U	F	M	F	K	E	L
T	R	A	N	S	P	A	R	E	N	T	G	H	R	V	E	O	V	Y
U	Q	I	A	S	C	H	E	I	B	E	N	F	O	R	M	M	R	B
E	Y	K	R	F	R	X	J	G	L	Q	I	Y	B	K	T	Q	K	M
Q	I	E	N	Y	Z	Q	R	N	S	K	V	A	T	I	Z	L	Z	X
Q	J	L	O	L	N	M	A	H	O	Y	I	J	M	A	M	R	O	F
X	S	O	Z	Z	Q	O	T	Q	Y	K	Q	M	A	K	P	X	Z	L
Z	V	O	D	F	Q	X	D	B	P	N	X	K	N	E	O	J	B	T
Q	V	D	T	V	E	W	K	G	L	K	A	V	N	C	N	F	K	J

G	B	R	A	S	I	L	I	E	N	F	O	R	E	S	T	O	B	E
J	Y	S	U	C	I	Q	A	F	B	L	N	Z	L	X	O	O	O	H
E	A	F	P	C	L	R	T	N	U	Q	Q	H	T	L	Q	B	V	C
F	O	P	H	M	A	H	S	E	L	D	N	E	R	H	J	R	S	S
E	O	T	A	S	B	B	L	I	C	N	H	N	A	E	C	V	W	I
M	E	G	C	N	V	A	E	L	I	F	D	V	K	H	E	A	K	V
R	X	C	O	D	R	Z	X	M	A	D	K	T	S	F	M	D	N	A
U	G	J	K	I	R	Y	E	L	P	F	E	I	N	G	J	W	Z	N
C	H	G	E	R	D	S	K	T	E	I	R	Q	R	R	G	U	F	I
W	W	L	P	Q	J	E	U	T	A	O	I	O	A	E	N	D	C	D
I	W	C	K	X	J	N	O	O	K	L	B	U	V	I	U	D	Z	N
L	C	Q	G	R	A	I	B	F	C	E	M	I	W	F	N	P	Y	A
Z	V	P	R	L	S	L	P	U	H	A	T	F	F	S	G	J	A	K
Z	Y	H	S	J	P	R	F	K	U	O	Y	G	R	W	E	Q	V	S
I	C	O	A	E	H	I	E	M	F	B	V	Q	W	A	G	J	J	R
L	N	C	E	I	O	A	U	E	H	C	S	I	G	L	E	B	B	A
U	Q	H	Z	D	E	O	P	Z	I	H	I	X	R	D	B	X	M	C
C	S	F	E	S	N	B	L	Z	H	R	O	F	B	L	Y	V	L	T
I	V	X	L	E	I	A	M	C	C	D	Y	H	R	S	Z	P	T	Z
T	A	O	L	O	X	T	K	B	T	Y	M	A	I	T	B	J	I	W
E	N	N	E	J	K	K	J	V	W	A	X	Z	Z	A	O	N	E	I
R	E	X	W	E	G	D	W	C	D	Y	H	N	N	F	W	L	F	S
Q	S	C	H	O	O	L	Y	C	F	E	Y	P	U	E	L	E	V	K
Q	E	K	S	U	W	N	U	F	O	F	L	U	G	E	D	H	Q	O

15

Dokumentierte Zwischenfälle 20. & 21. Jhdt (Auswahl)

GREIFSWALD OBJEKTE
UFO NACHT BRASILIEN
RENDLESHAM FOREST
ARIEL SCHOOL BEGEGNUNG
SKANDINAVISCHE UFO WELLE
BELGISCHE UFO WELLE
ZETA RETICULI VORFALL
JAPAN AIRLINES FLUG
PHOENIX LICHTER
OUMUAMUA

Lösung

G B R A S I L I E N F O R E S T O B E
J Y S U C I Q A F B L N Z L X O O O H
E A F P C L R T N U Q Q H T L Q B V C
F O P H M A H S E L D N E R H J R S S
E O T A S B B L I C N H N A E C V W I
M E G C N V A E L I F D V K H E A K V
R X C O D R Z X M A D K T S F M D N A
U G J K I R Y E L P F E I N G J W Z N
C H G E R D S K T E I R Q R R G U F I
W W L P Q J E U T A O I O A E N D C D
I W C K X J N O O K L B U V I U D Z N
L C Q G R A I B F C E M I W F N P Y A
Z V P R L S L P U H A T F F S G J A K
Z Y H S J P R F K U O Y G R W E Q V S
I C O A E H I E M F B V Q W A G J J R
L N C E I O A U E H C S I G L E B B A
U Q H Z D E O P Z I H I X R D B X M C
C S F E S N B L Z H R O F B L Y V L T
I V X L E I A M C C D Y H R S Z P T Z
T A O L O X T K B T Y M A I T B J I W
E N N E J K K J V W A X Z Z A O N E I
R E X W E G D W C D Y H N N F W L F S
Q S C H O O L Y C F E Y P U E L E V K
Q E K S U W N U F O F L U G E D H Q O

M	C	Q	M	W	E	L	L	E	C	U	L	P	U	V	L	Q	M	C
Z	T	P	B	O	T	S	K	P	N	G	F	D	T	V	O	K	G	K
P	Y	L	W	W	N	R	K	W	X	Y	K	A	D	Q	S	K	L	X
V	T	L	F	A	Q	E	I	W	R	P	A	R	E	L	S	A	B	J
P	Q	Q	I	R	V	O	S	R	E	G	R	E	B	N	R	E	U	N
D	S	A	N	N	S	Z	O	T	H	V	O	N	K	I	H	M	G	S
L	E	D	M	I	D	C	N	P	O	S	J	U	J	I	Z	I	S	H
R	B	I	T	O	W	E	E	T	Y	R	W	O	M	K	M	X	E	I
F	A	D	Y	S	C	K	R	U	T	A	Y	M	S	V	R	H	I	M
N	S	R	J	A	S	S	U	V	A	P	E	P	H	A	N	T	O	M
U	T	A	K	Q	G	Q	E	I	X	L	C	G	O	R	V	I	M	E
E	I	N	U	F	O	E	P	R	S	E	L	U	L	H	M	S	S	L
R	N	I	G	O	R	Y	M	S	F	Q	C	E	O	G	E	N	Z	S
N	O	A	V	J	J	D	P	A	D	R	H	J	R	V	O	Q	Q	S
B	W	M	Q	M	U	E	N	H	E	K	A	R	B	A	S	H	P	P
E	H	Q	J	C	K	D	L	W	W	L	H	T	N	T	C	A	X	E
R	K	B	F	T	S	M	K	M	E	U	D	F	L	Y	I	K	U	K
G	N	S	A	W	O	F	N	T	K	P	N	E	C	A	P	J	R	T
E	M	K	T	A	U	F	F	I	H	C	S	T	F	U	L	V	Z	A
R	E	C	I	J	W	L	V	Z	Q	E	H	K	I	M	V	Q	L	K
L	J	O	L	F	X	M	H	O	X	Z	N	O	F	M	K	C	O	E
L	F	E	G	G	T	M	F	G	L	G	L	V	C	A	V	G	C	L
U	U	A	C	V	C	U	W	J	T	F	A	I	I	N	A	C	E	D
Q	S	M	D	O	F	X	L	T	M	G	K	X	U	S	J	Q	D	F

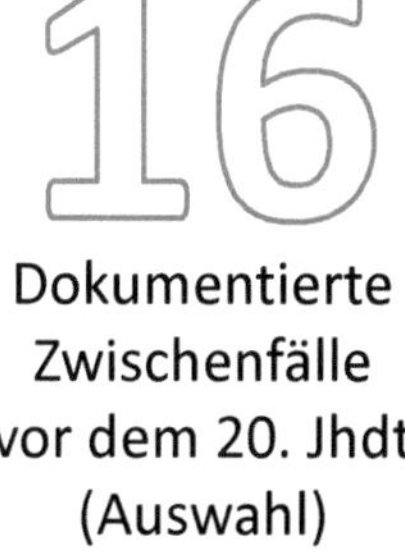

Dokumentierte
Zwischenfälle
vor dem 20. Jhdt
(Auswahl)

PHANTOM LUFTSCHIFF WELLE
BASLER HIMMELSSPEKTAKEL
NUERNBERGER ZYLINDER UFO
NUERNBERGER HIMMELSSPEKTAKEL
UFO GEMAELDE SEBASTINO MAINARDI
UFO ALTARFRESCO DECANI MONESTORY

Lösung

M C Q M W E L L E C U L P U V L Q M C
Z T P B O T S K P N G F D T V O K G K
P Y L W W N R K W X Y K A D Q S K L X
V T L F A Q E I W R P A R E L S A B J
P Q Q I R V O S R E G R E B N R E U N
D S A N N S Z O T H V O N K I H M G S
L E D M I D C N P O S J U J I Z I S H
R B I T O W E E T Y R W O M K M X E I
F A D Y S C K R U T A Y M S V R H I M
N S R J A S S U V A P E P H A N T O M
U T A K Q G Q E I X L C G O R V I M E
E I N U F O E P R S E L U L H M S S L
R N I G O R Y M S F Q C E O G E N Z S
N O A V J J D P A D R H J R V O Q Q S
B W M Q M U E N H E K A R B A S H P P
E H Q J C K D L W W L H T N T C A X E
R K B F T S M K M E U D F L Y I K U K
G N S A W O F N T K P N E C A P J R T
E M K T A U F F I H C S T F U L V Z A
R E C I J W L V Z Q E H K I M V Q L K
L J O L F X M H O X Z N O F M K C O E
L F E G G T M F G L G L V C A V G C L
U U A C V C U W J T F A I I N A C E D
Q S M D O F X L T M G K X U S J Q D F

T	E	E	S	J	U	W	G	T	J	R	C	V	K	E	I	N	E	I
G	N	B	U	E	N	N	P	U	K	O	S	E	X	I	C	I	F	G
V	U	I	X	S	B	S	L	R	V	K	B	R	Q	M	X	U	U	A
E	I	E	I	A	U	Y	C	Y	N	V	U	S	Q	E	C	E	U	M
V	H	H	Z	A	Z	D	U	H	A	P	M	C	N	A	C	S	F	S
A	X	C	Q	G	A	H	Q	K	D	W	K	H	F	X	X	R	R	T
M	F	S	Q	Y	U	S	V	H	U	Z	D	W	V	S	A	U	U	D
I	U	G	S	W	G	L	Z	S	E	J	U	O	P	T	M	M	X	T
L	Z	U	G	K	V	Q	F	F	S	H	I	E	W	E	C	G	X	A
H	Z	L	X	E	X	L	Y	D	E	N	P	R	U	A	I	H	Y	D
U	C	F	M	Z	K	L	G	Z	N	B	N	U	N	R	T	A	X	E
F	A	S	L	J	N	A	S	V	D	U	T	N	D	E	P	I	J	M
K	Q	H	Y	A	I	B	E	E	I	P	R	G	E	G	A	R	H	O
Q	W	C	M	S	C	R	D	T	S	R	R	S	R	X	M	X	X	R
A	K	I	J	T	V	E	C	R	K	O	L	T	W	Y	R	L	K	D
F	W	E	T	D	D	U	W	Y	U	J	I	H	A	R	B	Q	G	N
Y	V	R	L	U	K	E	L	E	S	E	R	E	F	P	E	X	P	A
P	G	I	U	J	B	F	F	G	T	K	V	O	F	D	L	V	K	J
H	J	C	G	Y	U	E	B	D	N	T	B	R	E	H	E	H	W	Z
F	R	T	G	B	D	V	N	O	W	F	E	I	G	D	G	L	N	D
P	J	G	K	H	Q	V	H	N	A	Y	F	E	I	T	E	X	X	K
F	C	Z	P	I	J	N	W	D	A	W	T	V	Q	D	I	K	M	L
J	E	J	T	Z	E	U	O	D	P	H	M	Q	Y	C	I	L	N	X
M	W	J	E	N	E	R	G	I	E	F	E	L	D	E	R	N	A	U

Mythos
Nazi
Flugscheiben

ANDROMEDA GERAET
REICHSFLUGSCHEIBE
PROJEKT FEUERBALL
VRIL ENERGIEFELDER
VERSCHWOERUNGSTHEORIE

RUNDFLUGZEUG
KEINE BELEGE
DUESENDISKUS
WUNDERWAFFE
HANNEBU

Lösung

T	E	E	S	J	U	W	G	T	J	R	C	V	K	E	I	N	E	I
G	N	B	U	E	N	N	P	U	K	O	S	E	X	I	C	I	F	G
V	U	I	X	S	B	S	L	R	V	K	B	R	Q	M	X	U	U	A
E	I	E	I	A	U	Y	C	Y	N	V	U	S	Q	E	C	E	U	M
V	H	H	Z	A	Z	D	U	H	A	P	M	C	N	A	C	S	F	S
A	X	C	Q	G	A	H	Q	K	D	W	K	H	F	X	X	R	R	T
M	F	S	Q	Y	U	S	V	H	U	Z	D	W	V	S	A	U	U	D
I	U	G	S	W	G	L	Z	S	E	J	U	O	P	T	M	M	X	T
L	Z	U	G	K	V	Q	F	F	S	H	I	E	W	E	C	G	X	A
H	Z	L	X	E	X	L	Y	D	E	N	P	R	U	A	I	H	Y	D
U	C	F	M	Z	K	L	G	Z	N	B	N	U	N	R	T	A	X	E
F	A	S	L	J	N	A	S	V	D	U	T	N	D	E	P	I	J	M
K	Q	H	Y	A	I	B	E	E	I	P	R	G	E	G	A	R	H	O
Q	W	C	M	S	C	R	D	T	S	R	R	S	R	X	M	X	X	R
A	K	I	J	T	V	E	C	R	K	O	L	T	W	Y	R	L	K	D
F	W	E	T	D	D	U	W	Y	U	J	I	H	A	R	B	Q	G	N
Y	V	R	L	U	K	E	L	E	S	E	R	E	F	P	E	X	P	A
P	G	I	U	J	B	F	F	G	T	K	V	O	F	D	L	V	K	J
H	J	C	G	Y	U	E	B	D	N	T	B	R	E	H	E	H	W	Z
F	R	T	G	B	D	V	N	O	W	F	E	I	G	D	G	L	N	D
P	J	G	K	H	Q	V	H	N	A	Y	F	E	I	T	E	X	X	K
F	C	Z	P	I	J	N	W	D	A	W	T	V	Q	D	I	K	M	L
J	E	J	T	Z	E	U	O	D	P	H	M	Q	Y	C	I	L	N	X
M	W	J	E	N	E	R	G	I	E	F	E	L	D	E	R	N	A	U

V	E	Z	J	R	U	O	B	P	S	H	T	J	S	U	S	X	Z	P
C	M	T	U	G	E	A	H	W	H	Q	H	I	N	R	E	O	J	F
X	Y	E	V	I	T	K	A	O	I	D	A	R	V	R	Y	I	B	S
X	F	U	W	A	X	Y	W	G	B	E	K	I	U	R	A	W	X	C
E	Q	G	F	K	U	R	M	W	W	F	C	M	T	C	N	O	H	P
F	T	V	I	G	U	M	X	W	H	T	B	T	G	J	T	H	I	X
V	F	F	A	Q	Y	O	J	L	O	O	V	A	I	M	R	U	Y	C
H	K	B	H	M	A	F	C	R	D	X	V	Y	O	F	I	M	M	G
N	O	I	T	A	T	I	V	A	R	G	I	T	N	A	E	T	A	X
S	C	H	A	U	B	E	R	G	E	R	K	E	Y	H	B	X	B	H
I	I	E	S	V	N	J	X	Q	G	Y	S	U	W	E	A	N	S	I
M	V	V	E	R	G	E	L	T	U	N	G	S	W	A	F	F	E	K
W	Z	R	F	S	L	Q	N	O	J	Z	L	H	G	L	H	A	M	L
Y	R	D	N	H	N	H	S	U	M	Z	L	L	O	S	B	S	Y	O
G	N	U	L	H	A	R	T	S	H	I	K	S	S	G	V	R	C	D
E	C	L	C	Z	B	J	Q	P	X	F	I	W	H	Y	K	E	B	Z
S	G	A	F	W	P	P	U	E	K	C	O	L	G	Q	T	R	Z	K
K	U	G	E	L	W	A	F	F	E	B	N	E	B	E	I	S	V	I
D	E	Z	R	E	P	U	L	S	I	N	E	S	I	E	R	K	T	E
R	B	L	Y	H	V	E	R	S	U	C	H	S	A	N	L	A	G	E
I	R	W	N	D	F	L	U	G	K	R	E	I	S	E	L	B	Q	O
W	G	N	R	I	E	S	E	V	M	I	B	E	T	O	N	B	A	U
L	U	D	W	J	X	H	A	V	D	H	G	M	V	K	X	Y	O	B
U	H	T	Q	C	J	M	L	O	B	J	T	Z	N	N	P	I	W	O

Mythos
Nazi
Flugscheiben

VERSUCHSANLAGE RIESE
VICTOR SCHAUBERGER
RADIOAKTIVE STRAHLUNG
FLUGKREISEL
VERGELTUNGSWAFFE VSIEBEN
KUGELWAFFE
KREIS BETONBAU LUDW KLODZKIE
REPULSINE
ANTIGRAVITATION ANTRIEB GLOCKE
XERUM

Lösung

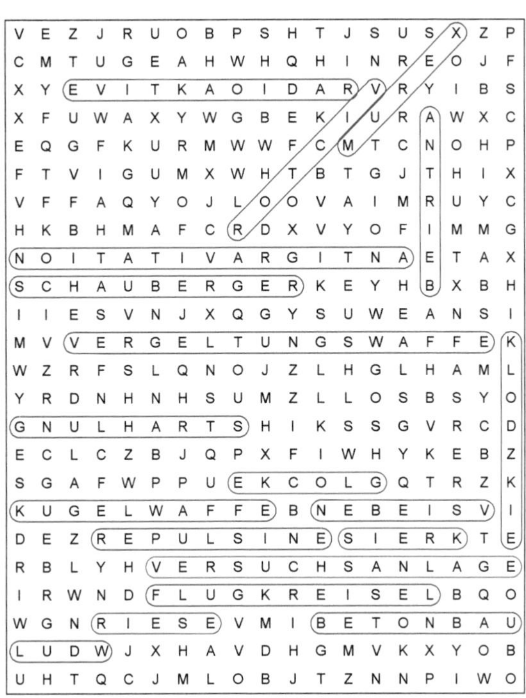

DAS

SCIENCE FICTION

WORTSUCHRÄTSEL BUCH

U	A	Z	S	J	V	H	C	Z	L	N	M	U	Z	J	J	G	M	R
E	L	O	T	S	I	P	R	E	S	A	L	B	U	K	M	K	D	S
E	N	H	O	R	D	O	R	K	I	M	N	B	A	S	J	X	P	V
M	T	E	K	B	I	S	S	L	S	G	G	Y	S	P	A	U	Y	Q
G	J	L	E	Z	E	K	L	P	H	H	J	V	K	X	D	Y	V	A
L	Y	R	O	W	M	E	C	D	D	B	R	E	I	I	X	L	X	W
A	B	I	J	K	H	M	A	O	S	C	G	N	H	Y	C	R	A	I
T	J	I	I	C	R	P	Q	J	Q	F	L	I	V	Y	B	U	T	G
R	Z	E	N	A	Z	F	L	M	M	A	Z	B	Z	T	K	D	S	C
O	Q	L	V	Y	Y	Y	G	S	S	R	E	A	D	E	O	P	M	T
P	T	I	A	S	Q	E	H	E	X	A	I	K	F	N	H	K	T	G
N	K	F	S	J	I	A	R	L	Q	U	T	T	R	A	B	C	H	Q
E	C	I	I	I	F	B	C	X	H	M	P	R	A	L	O	R	K	V
T	K	X	O	M	R	H	H	O	U	Z	O	O	U	P	Z	Y	B	H
N	I	N	N	U	P	W	Y	G	V	E	L	P	M	T	L	Q	G	U
A	R	P	E	T	X	Y	R	W	T	I	I	E	K	A	O	B	C	C
U	S	C	B	L	W	Z	H	Y	V	T	Z	L	R	M	N	G	Y	M
Q	K	Z	W	Y	K	V	E	F	B	R	E	E	E	I	S	D	D	P
E	A	X	I	C	V	C	C	L	D	I	I	T	U	E	P	D	T	D
K	O	H	F	T	N	T	Y	D	C	S	C	N	Z	H	K	U	O	H
L	S	U	J	D	L	L	W	L	B	S	K	R	E	E	O	B	T	V
N	Q	W	Z	U	V	J	M	U	B	T	J	J	R	G	C	T	J	G
I	H	G	X	Z	I	C	J	L	B	P	R	T	R	T	S	O	G	D
F	S	Z	B	R	O	I	A	A	G	X	R	L	U	G	S	M	F	D

INVASION
ZEITPOLIZEI
HEIMATPLANET
LASERBRUECKE
MIKRODROHNE
LASERPISTOLE
RAUMZEITRISS
RAUMKREUZER
TELEPORTKABINE
QUANTENPORTAL

Lösung

U	A	Z	S	J	V	H	C	Z	L	N	M	U	Z	J	J	G	M	R
E	L	O	T	S	I	P	R	E	S	A	L	B	U	K	M	K	D	S
E	N	H	O	R	D	O	R	K	I	M	N	B	A	S	J	X	P	V
M	T	E	K	B	I	S	S	L	S	G	G	Y	S	P	A	U	Y	Q
G	J	L	E	Z	E	K	L	P	H	H	J	V	K	X	D	Y	V	A
L	Y	R	O	W	M	E	C	D	D	B	R	E	I	I	X	L	X	W
A	B	I	J	K	H	M	A	O	S	C	G	N	H	Y	C	R	A	I
T	J	I	I	C	R	P	Q	J	Q	F	L	I	V	Y	B	U	T	G
R	Z	E	N	A	Z	F	L	M	M	A	Z	B	Z	T	K	D	S	C
O	Q	L	V	Y	Y	Y	G	S	S	R	E	A	D	E	O	P	M	T
P	T	I	A	S	Q	E	H	E	X	A	I	K	F	N	H	K	T	G
N	K	F	S	J	I	A	R	L	Q	U	T	T	R	A	B	C	H	Q
E	C	I	I	I	F	B	C	X	H	M	P	R	A	L	O	R	K	V
T	K	X	O	M	R	H	H	O	U	Z	O	O	U	P	Z	Y	B	H
N	I	N	N	U	P	W	Y	G	V	E	L	P	M	T	L	Q	G	U
A	R	P	E	T	X	Y	R	W	T	I	I	E	K	A	O	B	C	C
U	S	C	B	L	W	Z	H	Y	V	T	Z	L	R	M	N	G	Y	M
Q	K	Z	W	Y	K	V	E	F	B	R	E	E	E	I	S	D	D	P
E	A	X	I	C	V	C	C	L	D	I	I	T	U	E	P	D	T	D
K	O	H	F	T	N	T	Y	D	C	S	C	N	Z	H	K	U	O	H
L	S	U	J	D	L	L	W	L	B	S	K	R	E	E	O	B	T	V
N	Q	W	Z	U	V	J	M	U	B	T	J	J	R	G	C	T	J	G
I	H	G	X	Z	I	C	J	L	B	P	R	T	R	T	S	O	G	D
F	S	Z	B	R	O	I	A	A	G	X	R	L	U	G	S	M	F	D

E	N	O	N	A	K	N	E	T	N	A	U	Q	F	W	R	M	H	K
S	T	E	R	N	E	N	Z	E	R	S	T	O	E	R	E	R	S	U
F	G	P	B	U	C	M	K	Y	H	X	A	N	I	S	J	S	R	Y
D	S	N	S	T	X	P	F	V	H	U	K	R	C	T	T	I	K	P
B	A	I	I	U	F	E	T	U	D	Z	O	H	K	N	P	U	E	G
A	Y	B	H	N	H	M	A	R	F	T	W	A	N	Z	L	G	V	L
M	O	T	O	M	R	E	H	T	A	E	Y	H	A	H	Z	Z	H	J
W	R	F	A	T	P	K	F	R	B	H	C	W	T	B	L	E	K	U
J	I	H	N	C	D	R	G	E	T	C	C	Y	S	N	U	P	S	O
K	R	P	V	Y	D	E	S	R	N	D	M	N	G	S	T	S	B	P
D	S	P	A	Q	T	T	H	A	L	O	I	S	N	P	E	G	Y	K
C	C	F	T	N	A	E	A	U	C	X	B	Q	U	R	H	V	L	N
R	H	E	I	D	U	N	S	M	E	C	Q	F	G	E	T	F	V	A
Y	R	S	T	J	D	A	C	G	G	G	E	X	N	N	G	X	Q	T
C	E	B	O	S	P	L	Q	I	U	C	V	D	E	G	N	Q	S	T
D	I	X	O	C	Y	P	B	L	B	Y	Y	L	U	S	L	K	G	H
I	T	L	E	I	M	D	K	D	I	Z	J	O	J	A	O	B	A	C
D	E	C	M	T	N	N	J	E	O	J	M	Q	R	T	V	D	U	U
P	R	V	D	X	K	A	G	G	Q	C	Q	J	E	Z	E	Z	M	Z
X	T	A	F	E	G	S	R	G	B	D	K	N	V	R	V	I	M	S
T	Z	R	S	A	I	Z	R	Z	F	I	G	B	V	G	F	Y	Z	V
I	D	T	B	Z	Y	U	G	F	L	P	D	K	S	Y	H	Y	H	I
B	O	T	X	V	A	A	D	D	Y	Y	Z	S	Q	D	T	U	T	P
S	L	C	O	P	Y	E	T	B	N	E	F	G	Y	T	Z	Z	Y	M

SCHREITER
ZUCHTTANK
RAUMGILDE
SANDPLANET
SCHWEBESTADT

DESINTEGRATOR
QUANTENKANONE
STERNENZERSTOERER
VERJUENGUNGSTANK
THERMOTOM SPRENGSATZ

Lösung

E	N	O	N	A	K	N	E	T	N	A	U	Q	F	W	R	M	H	K
S	T	E	R	N	E	N	Z	E	R	S	T	O	E	R	E	R	S	U
F	G	P	B	U	C	M	K	Y	H	X	A	N	I	S	J	S	R	Y
D	S	N	S	T	X	P	F	V	H	U	K	R	C	T	T	I	K	P
B	A	I	I	U	F	E	T	U	D	Z	O	H	K	N	P	U	E	G
A	Y	B	H	N	H	M	A	R	F	T	W	A	N	Z	L	G	V	L
M	O	T	O	M	R	E	H	T	A	E	Y	H	A	H	Z	Z	H	J
W	R	F	A	T	P	K	F	R	B	H	C	W	T	B	L	E	K	U
J	I	H	N	C	D	R	G	E	T	C	C	Y	S	N	U	P	S	O
K	R	P	V	Y	D	E	S	R	N	D	M	N	G	S	T	S	B	P
D	S	P	A	Q	T	T	H	A	L	O	I	S	N	P	E	G	Y	K
C	C	F	T	N	A	E	A	U	C	X	B	Q	U	R	H	V	L	N
R	H	E	I	D	U	N	S	M	E	C	Q	F	G	E	T	F	V	A
Y	R	S	T	J	D	A	C	G	G	G	E	X	N	N	G	X	Q	T
C	E	B	O	S	P	L	Q	I	U	C	V	D	E	G	N	Q	S	T
D	I	X	O	C	Y	P	B	L	B	Y	Y	L	U	S	L	K	G	H
I	T	L	E	I	M	D	K	D	I	Z	J	O	J	A	O	B	A	C
D	E	C	M	T	N	N	J	E	O	J	M	Q	R	T	V	D	U	U
P	R	V	D	X	K	A	G	G	Q	C	Q	J	E	Z	E	Z	M	Z
X	T	A	F	E	G	S	R	G	B	D	K	N	V	R	V	I	M	S
T	Z	R	S	A	I	Z	R	Z	F	I	G	B	V	G	F	Y	Z	V
I	D	T	B	Z	Y	U	G	F	L	P	D	K	S	Y	H	Y	H	I
B	O	T	X	V	A	A	D	D	Y	Y	Z	S	Q	D	T	U	T	P
S	L	C	O	P	Y	E	T	B	N	E	F	G	Y	T	Z	Z	Y	M

Z	E	I	T	K	R	I	S	T	A	L	L	O	R	H	C	Q	K	G
M	K	I	K	C	V	Z	Q	O	N	X	C	D	X	Z	C	Q	E	X
I	H	Q	G	H	D	J	C	H	E	G	Q	M	T	N	A	W	G	R
L	I	O	U	M	E	W	W	C	G	J	T	Y	J	Q	X	C	T	T
Q	I	P	B	R	P	M	A	H	G	G	K	W	Q	G	U	C	K	K
V	Y	S	X	E	N	O	L	O	G	I	E	S	Y	B	G	I	T	I
O	L	S	N	O	P	E	K	G	L	Y	L	K	C	F	D	J	C	X
B	A	A	V	A	R	I	F	D	V	D	R	N	K	E	Q	Y	F	N
E	H	Q	P	K	G	U	R	X	Z	H	R	W	H	T	D	W	X	R
K	G	N	C	O	P	L	Y	E	W	P	B	E	Q	P	W	H	W	E
I	G	R	A	U	M	Z	E	I	T	S	C	H	I	L	D	I	M	L
Y	Y	A	M	A	F	I	G	P	O	G	I	X	M	Y	Q	W	N	T
H	C	I	E	R	E	B	N	E	L	L	E	W	T	S	A	T	F	U
E	Y	D	B	F	V	C	Q	L	L	A	T	S	I	R	K	G	X	B
K	H	R	O	T	K	E	T	E	D	X	F	G	N	P	U	Q	H	O
C	J	C	M	Z	Z	B	K	N	T	N	A	U	U	D	H	I	V	B
V	H	A	I	T	X	Q	Z	X	K	M	R	H	X	K	B	U	Q	O
Z	B	P	T	L	Z	Z	D	N	W	G	K	A	Q	L	G	Y	P	R
M	R	O	F	T	T	A	L	P	V	A	R	G	I	T	N	A	L	M
O	T	V	I	S	S	S	J	U	X	M	E	C	T	I	H	Z	U	E
K	L	F	U	O	L	X	N	C	G	M	W	N	E	S	E	W	T	O
C	O	V	X	T	E	Y	G	E	U	V	H	I	N	G	T	T	O	R
O	M	V	H	C	O	L	M	R	U	W	C	X	O	N	X	O	N	S
N	P	Y	A	F	O	W	E	N	I	K	S	O	D	W	Z	B	L	M

PLUTON
XENOLOGIE
ROBOBUTLER
KRISTALL WESEN
WURMLOCH DETEKTOR

ZEITKRISTALL
RAUMZEITSCHILD
TASTWELLENBEREICH
ANTIGRAVPLATTFORM
KUENSTLICHE SCHWERKRAFT

Lösung

Z	E	I	T	K	R	I	S	T	A	L	L	O	R	H	C	Q	K	G
M	K	I	K	C	V	Z	Q	O	N	X	C	D	X	Z	C	Q	E	X
I	H	Q	G	H	D	J	C	H	E	G	Q	M	T	N	A	W	G	R
L	I	O	U	M	E	W	W	C	G	J	T	Y	J	Q	X	C	T	T
Q	I	P	B	R	P	M	A	H	G	G	K	W	Q	G	U	C	K	K
V	Y	S	X	E	N	O	L	O	G	I	E	S	Y	B	G	I	T	I
O	L	S	N	O	P	E	K	G	L	Y	L	K	C	F	D	J	C	X
B	A	A	V	A	R	I	F	D	V	D	R	N	K	E	Q	Y	F	N
E	H	Q	P	K	G	U	R	X	Z	H	R	W	H	T	D	W	X	R
K	G	N	C	O	P	L	Y	E	W	P	B	E	Q	P	W	H	W	E
I	G	R	A	U	M	Z	E	I	T	S	C	H	I	L	D	I	M	L
Y	Y	A	M	A	F	I	G	P	O	G	I	X	M	Y	Q	W	N	T
H	C	I	E	R	E	B	N	E	L	L	E	W	T	S	A	T	F	U
E	Y	D	B	F	V	C	Q	L	L	A	T	S	I	R	K	G	X	B
K	H	R	O	T	K	E	T	E	D	X	F	G	N	P	U	Q	H	O
C	J	C	M	Z	Z	B	K	N	T	N	A	U	U	D	H	I	V	B
V	H	A	I	T	X	Q	Z	X	K	M	R	H	X	K	B	U	Q	O
Z	B	P	T	L	Z	Z	D	N	W	G	K	A	Q	L	G	Y	P	R
M	R	O	F	T	T	A	L	P	V	A	R	G	I	T	N	A	L	M
O	T	V	I	S	S	S	J	U	X	M	E	C	T	I	H	Z	U	E
K	L	F	U	O	L	X	N	C	G	M	W	N	E	S	E	W	T	O
C	O	V	X	T	E	Y	G	E	U	V	H	I	N	G	T	T	O	R
O	M	V	H	C	O	L	M	R	U	W	C	X	O	N	X	O	N	S
N	P	Y	A	F	O	W	E	N	I	K	S	O	D	W	Z	B	L	M

C	T	O	R	Y	Y	S	U	P	Z	S	H	C	C	T	D	T	V	T
Z	I	D	N	B	W	G	S	D	R	R	D	Z	T	K	X	W	U	B
E	E	E	D	Q	J	O	K	R	C	N	U	X	R	M	W	F	J	Y
N	K	P	V	M	F	G	E	L	O	D	K	E	Z	F	U	F	R	R
E	G	R	V	G	P	R	Y	R	M	B	B	Z	W	L	A	H	A	P
R	I	O	L	S	E	H	C	B	B	A	O	H	K	Z	G	A	U	G
O	D	T	P	J	U	G	M	R	X	H	S	T	W	T	C	Q	M	O
B	N	N	H	U	T	B	R	S	L	K	Z	C	A	D	C	W	K	Y
E	I	E	A	D	H	J	R	X	X	E	F	X	H	R	V	U	R	G
G	W	N	S	P	N	I	B	A	I	Q	U	D	V	I	Z	V	U	P
B	H	O	E	S	F	R	R	T	U	C	V	Q	V	O	N	T	E	V
A	C	T	R	V	N	S	R	F	Y	M	J	I	E	W	E	E	M	P
T	S	O	R	H	A	E	T	R	Z	Z	O	Q	V	P	R	W	M	S
T	E	H	G	G	I	J	F	E	D	N	N	Q	V	S	A	G	U	M
L	G	P	J	S	T	X	D	E	L	C	V	I	N	F	N	X	N	M
E	N	W	E	E	M	U	A	Z	T	A	N	Z	C	N	K	S	G	W
M	E	L	E	L	H	S	A	E	E	A	N	E	V	X	Q	Q	S	Z
E	T	B	Z	Y	H	W	Y	K	M	E	U	W	L	Z	K	Z	D	W
C	T	J	A	F	F	F	U	A	W	A	Q	O	J	W	W	U	O	R
H	A	D	A	H	K	A	E	N	X	A	O	R	I	E	V	F	L	L
D	H	U	V	L	M	U	U	O	G	M	L	H	I	R	A	Z	O	V
G	C	X	K	F	C	B	W	N	T	C	I	M	R	Y	W	Q	N	V
L	S	P	B	Z	E	T	A	E	M	N	A	I	P	V	P	K	E	J
Q	F	F	S	Q	M	F	G	R	F	L	R	K	Z	K	M	O	X	X

FREEZEKANONE
PHOTONENTORPEDO
ZWEIMAL GEBORENE
SCHATTENGESCHWINDIGKEIT
RAUMKRUEMMUNGS MASCHINE

PHASER
ZEITREISE
SUBRAUM
ROBOTARZT
BATTLEMECH

Lösung

C	T	O	R	Y	Y	S	U	P	Z	S	H	C	C	T	D	T	V	T
Z	I	D	N	B	W	G	S	D	R	R	D	Z	T	K	X	W	U	B
E	E	E	D	Q	J	O	K	R	C	N	U	X	R	M	W	F	J	Y
N	K	P	V	M	F	G	E	L	O	D	K	E	Z	F	U	F	R	R
E	G	R	V	G	P	R	Y	R	M	B	B	Z	W	L	A	H	A	P
R	I	O	L	S	E	H	C	B	B	A	O	H	K	Z	G	A	U	G
O	D	T	P	J	U	G	M	R	X	H	S	T	W	T	C	Q	M	O
B	N	N	H	U	T	B	R	S	L	K	Z	C	A	D	C	W	K	Y
E	I	E	A	D	H	J	R	X	X	E	F	X	H	R	V	U	R	G
G	W	N	S	P	N	I	B	A	I	Q	U	D	V	I	Z	V	U	P
B	H	O	E	S	F	R	R	T	U	C	V	Q	V	O	N	T	E	V
A	C	T	R	V	N	S	R	F	Y	M	J	I	E	W	E	E	M	P
T	S	O	R	H	A	E	T	R	Z	Z	O	Q	V	P	R	W	M	S
T	E	H	G	G	I	J	F	E	D	N	N	Q	V	S	A	G	U	M
L	G	P	J	S	T	X	D	E	L	C	V	I	N	F	N	X	N	M
E	N	W	E	E	M	U	A	Z	T	A	N	Z	C	N	K	S	G	W
M	E	L	E	L	H	S	A	E	E	A	N	E	V	X	Q	Q	S	Z
E	T	B	Z	Y	H	W	Y	K	M	E	U	W	L	Z	K	Z	D	W
C	T	J	A	F	F	F	U	A	W	A	Q	O	J	W	W	U	O	R
H	A	D	A	H	K	A	E	N	X	A	O	R	I	E	V	F	L	L
D	H	U	V	L	M	U	U	O	G	M	L	H	I	R	A	Z	O	V
G	C	X	K	F	C	B	W	N	T	C	I	M	R	Y	W	Q	N	V
L	S	P	B	Z	E	T	A	E	M	N	A	I	P	V	P	K	E	J
Q	F	F	S	Q	M	F	G	R	F	L	R	K	Z	K	M	O	X	X

Y	A	D	G	F	H	R	A	U	M	Z	E	I	T	L	L	S	X	A
P	W	M	V	W	Q	P	S	V	T	Z	V	B	O	E	A	Y	Q	Q
M	N	E	L	T	G	M	Z	F	W	W	G	Z	O	T	S	D	D	A
K	X	I	G	L	N	K	I	N	P	K	N	D	L	Z	E	C	V	T
Y	R	O	V	W	R	O	I	N	Z	P	U	O	I	T	R	F	A	S
Y	E	T	X	X	N	Q	K	N	E	H	F	R	E	E	S	O	Z	K
Q	T	E	N	Y	Q	G	R	V	R	O	P	K	F	R	C	I	S	V
Z	O	C	O	U	S	I	O	R	E	T	M	G	P	O	H	Q	L	N
G	B	J	Y	B	P	G	C	O	I	O	U	V	O	O	W	F	L	L
D	U	S	F	X	O	J	L	J	R	N	R	T	N	G	E	N	A	A
A	C	M	Y	N	U	T	Y	I	U	E	H	J	P	E	R	I	Q	N
B	A	W	E	Z	F	C	H	L	A	N	C	M	Y	E	T	G	V	K
Q	V	N	K	D	H	K	A	B	T	S	S	B	H	T	Z	V	A	Z
U	O	I	C	Q	H	U	S	T	N	E	T	O	H	X	M	O	E	I
A	R	M	Y	S	T	Z	V	J	E	G	I	Y	Q	M	Q	O	P	W
N	P	K	A	I	Q	T	M	D	C	E	E	R	N	N	V	H	P	U
T	X	D	R	K	K	B	K	H	N	L	Z	I	E	I	V	L	Q	L
E	Y	O	P	Q	V	F	Z	G	V	F	W	S	I	T	U	X	T	E
N	N	R	R	L	F	M	N	R	S	Z	F	G	G	N	O	U	R	F
V	U	C	Z	P	T	Y	R	E	H	C	S	I	N	O	I	B	H	Z
I	J	Y	O	Q	E	A	T	U	G	D	N	A	R	T	S	V	O	J
R	V	S	O	E	C	X	E	S	P	J	M	L	G	F	A	D	N	R
E	L	C	M	I	K	Z	R	H	V	F	O	N	A	Z	C	N	Y	K
N	B	K	P	J	H	Y	E	O	Q	T	G	O	N	D	J	O	I	I

5

VACUBOTER
HYPNOPFEIL
QUANTENVIREN
VOGONEN RITUAL
LETZTER CENTAURIER

LASERSCHWERT
PHOTONENSEGEL
ZEITSCHRUMPFUNG
BIONISCHER ROBOTER
RAUMZEIT STRANDGUT

Lösung

Y	A	D	G	F	H	R	A	U	M	Z	E	I	T	L	L	S	X	A
P	W	M	V	W	Q	P	S	V	T	Z	V	B	O	E	A	Y	Q	Q
M	N	E	L	T	G	M	Z	F	W	W	G	Z	O	T	S	D	D	A
K	X	I	G	L	N	K	I	N	P	K	N	D	L	Z	E	C	V	T
Y	R	O	V	W	R	O	I	N	Z	P	U	O	I	T	R	F	A	S
Y	E	T	X	X	N	Q	K	N	E	H	F	R	E	E	S	O	Z	K
Q	T	E	N	Y	Q	G	R	V	R	O	P	K	F	R	C	I	S	V
Z	O	C	O	U	S	I	O	R	E	T	M	G	P	O	H	Q	L	N
G	B	J	Y	B	P	G	C	O	I	O	U	V	O	O	W	F	L	L
D	U	S	F	X	O	J	L	J	R	N	R	T	N	G	E	N	A	A
A	C	M	Y	N	U	T	Y	I	U	E	H	J	P	E	R	I	Q	N
B	A	W	E	Z	F	C	H	L	A	N	C	M	Y	E	T	G	V	K
Q	V	N	K	D	H	K	A	B	T	S	S	B	H	T	Z	V	A	Z
U	O	I	C	Q	H	U	S	T	N	E	T	O	H	X	M	O	E	I
A	R	M	Y	S	T	Z	V	J	E	G	I	Y	Q	M	Q	O	P	W
N	P	K	A	I	Q	T	M	D	C	E	E	R	N	N	V	H	P	U
T	X	D	R	K	K	B	K	H	N	L	Z	I	E	I	V	L	Q	L
E	Y	O	P	Q	V	F	Z	G	V	F	W	S	I	T	U	X	T	E
N	N	R	R	L	F	M	N	R	S	Z	F	G	G	N	O	U	R	F
V	U	C	Z	P	T	Y	R	E	H	C	S	I	N	O	I	B	H	Z
I	J	Y	O	Q	E	A	T	U	G	D	N	A	R	T	S	V	O	J
R	V	S	O	E	C	X	E	S	P	J	M	L	G	F	A	D	N	R
E	L	C	M	I	K	Z	R	H	V	F	O	N	A	Z	C	N	Y	K
N	B	K	P	J	H	Y	E	O	Q	T	G	O	N	D	J	O	I	I

F	Z	E	I	T	F	R	A	K	T	U	R	M	E	T	I	R	O	C
F	J	F	P	O	P	C	E	Z	R	C	S	U	B	I	V	X	R	R
I	Z	W	F	T	C	K	O	A	I	E	U	E	K	G	H	T	L	N
H	E	S	L	S	B	C	D	W	F	A	I	C	S	N	Y	M	W	K
C	I	I	T	W	T	O	E	E	U	G	F	K	Q	C	T	A	Z	I
S	T	A	O	Y	F	H	P	K	I	B	T	E	Z	W	S	A	F	N
R	M	H	E	V	M	C	D	Y	S	L	I	N	Z	W	C	N	Q	K
A	U	C	L	A	U	S	V	N	W	V	O	K	H	X	H	N	H	U
L	E	H	I	D	R	T	L	J	C	H	R	A	T	M	A	L	C	B
L	L	E	K	T	K	H	F	D	P	U	L	M	L	Y	L	F	D	A
E	L	W	Z	A	H	C	L	G	D	V	S	E	A	J	L	G	H	T
T	G	X	O	R	L	I	Y	Q	L	S	F	R	X	S	G	K	H	O
S	A	B	O	I	Y	L	I	T	W	K	N	A	H	L	R	U	W	R
R	T	Q	W	P	E	R	K	Y	F	Q	X	J	G	W	A	S	M	G
E	R	D	V	M	F	E	I	Z	G	X	P	O	L	H	N	D	C	E
T	J	U	Q	U	Y	T	P	V	Z	F	P	Q	Y	M	A	D	Q	S
N	O	M	E	A	X	N	Q	V	F	R	H	J	P	L	T	L	B	C
I	H	X	S	R	Q	U	P	G	N	M	N	D	L	H	E	S	Z	H
Q	J	V	E	R	J	U	E	N	G	U	N	G	S	T	A	N	K	O
F	K	H	C	N	Z	F	S	D	I	S	C	O	K	J	M	J	T	E
A	J	Y	F	E	L	N	T	I	D	E	S	N	C	Z	V	C	X	P
B	E	U	F	E	L	M	I	K	R	O	N	A	U	T	L	T	K	F
Z	L	P	I	W	D	R	K	V	X	H	D	Q	W	M	Z	A	F	M
S	M	K	R	C	V	Y	U	I	I	C	F	V	M	S	E	Z	N	A

MIKRONAUT
RAUMPIRAT
ZEITMUELL
ZEITFRAKTUR
MUECKENKAMERA

SCHALLGRANATE
UNTERLICHTSCHOCK
VERJUENGUNGSTANK
INKUBATORGESCHOEPF
INTERSTELLARSCHIFF

Lösung

F Z E I T F R A K T U R M E T I R O C
F J F P O P C E Z R C S U B I V X R R
I Z W F T C K O A I E U E K G H T L N
H E S L S B C D W F A I C S N Y M W K
C I I T W T O E E U G F K Q C T A Z I
S T A O Y F H P K I B T E Z W S A F N
R M H E V M C D Y S L I N Z W C N Q K
A U C L A U S V N W V O K H X H N H U
L E H I D R T L J C H R A T M A L C B
L L E K T K H F D P U L M L Y L F D A
E L W Z A H C L G D V S E A J L G H T
T G X O R L I Y Q L S F R X S G K H O
S A B O I Y L I T W K N A H L R U W R
R T Q W P E R K Y F Q X J G W A S M G
E R D V M F E I Z G X P O L H N D C E
T J U Q U Y T P V Z F P Q Y M A D Q S
N O M E A X N Q V F R H J P L T L B C
I H X S R Q U P G N M N D L H E S Z H
Q J V E R J U E N G U N G S T A N K O
F K H C N Z F S D I S C O K J M J T E
A J Y F E L N T I D E S N C Z V C X P
B E U F E L M I K R O N A U T L T K F
Z L P I W D R K V X H D Q W M Z A F M
S M K R C V Y U I I C F V M S E Z N A

A	L	R	B	K	P	I	E	V	B	K	L	A	Z	S	Q	J	K	Q
B	B	E	I	R	T	N	A	N	E	N	O	T	O	H	P	R	Q	Q
N	Q	T	B	P	N	N	E	F	T	Q	U	F	C	F	F	T	N	V
T	R	R	E	N	E	R	O	B	E	G	R	H	A	W	W	B	T	E
I	O	I	D	X	W	C	Z	V	E	S	D	Y	R	G	O	N	T	C
Z	T	C	I	K	J	S	P	N	W	M	U	M	E	H	E	B	H	L
H	A	K	O	O	N	S	K	G	Y	G	B	E	N	E	F	O	R	T
I	R	E	V	V	Q	A	R	I	E	K	H	K	K	G	L	I	I	D
E	E	Z	L	F	X	H	T	C	P	P	Y	Y	U	O	N	E	A	E
T	N	O	K	E	T	P	X	M	M	A	L	X	K	X	Z	P	C	R
R	E	H	K	Z	K	W	F	M	U	N	N	O	B	O	W	K	W	S
P	G	N	O	K	I	T	M	A	R	A	M	T	D	E	G	I	H	E
E	N	M	A	R	B	Y	R	U	U	M	R	U	R	R	X	J	W	O
S	E	S	S	L	D	M	F	O	P	K	E	T	Z	I	S	W	Z	I
T	T	L	D	Y	P	S	S	J	N	S	N	O	A	T	E	R	J	M
B	N	A	S	N	G	R	T	N	P	I	L	E	V	Z	R	B	L	N
A	A	A	U	W	C	U	E	H	P	J	S	Z	Z	D	M	A	I	Y
Z	U	E	X	L	A	H	Z	S	C	J	G	C	Y	U	Y	Y	G	P
I	Q	H	U	B	N	B	N	K	S	I	A	J	H	M	X	Y	W	Q
L	M	O	Q	A	Z	R	H	B	U	A	S	H	A	E	W	R	X	V
L	I	M	J	A	B	U	L	B	O	M	W	F	O	J	K	A	A	U
E	K	I	V	G	L	B	J	J	R	N	F	D	U	D	I	N	R	A
N	Z	A	J	O	M	D	L	T	E	J	X	V	J	A	U	F	U	P
V	A	U	P	I	P	S	Q	K	Y	X	X	C	S	E	I	D	N	P

HOLOKOM
TRAUMTANK
PSEUDOZEIT
SKIPANTRIEB
WASSERPLANET

WAHRGEBORENER
AUFSICHTSDROHNE
PHOTONENANTRIEB
QUANTENGENERATOR
ELEKTRONISCHE PESTBAZILLEN

Lösung

A	L	R	B	K	P	I	E	V	B	K	L	A	Z	S	Q	J	K	Q
B	B	E	I	R	T	N	A	N	E	N	O	T	O	H	P	R	Q	Q
N	Q	T	B	P	N	N	E	F	T	Q	U	F	C	F	F	T	N	V
T	R	R	E	N	E	R	O	B	E	G	R	H	A	W	W	B	T	E
I	O	I	D	X	W	C	Z	V	E	S	D	Y	R	G	O	N	T	C
Z	T	C	I	K	J	S	P	N	W	M	U	M	E	H	E	B	H	L
H	A	K	O	O	N	S	K	G	Y	G	B	E	N	E	F	O	R	T
I	R	E	V	V	Q	A	R	I	E	K	H	K	K	G	L	I	I	D
E	E	Z	L	F	X	H	T	C	P	P	Y	Y	U	O	N	E	A	E
T	N	O	K	E	T	P	X	M	M	A	L	X	K	X	Z	P	C	R
R	E	H	K	Z	K	W	F	M	U	N	N	O	B	O	W	K	W	S
P	G	N	O	K	I	T	M	A	R	A	M	T	D	E	G	I	H	E
E	N	M	A	R	B	Y	R	U	U	M	R	U	R	R	X	J	W	O
S	E	S	S	L	D	M	F	O	P	K	E	T	Z	I	S	W	Z	I
T	T	L	D	Y	P	S	S	J	N	S	N	O	A	T	E	R	J	M
B	N	A	S	N	G	R	T	N	P	I	L	E	V	Z	R	B	L	N
A	A	A	U	W	C	U	E	H	P	J	S	Z	Z	D	M	A	I	Y
Z	U	E	X	L	A	H	Z	S	C	J	G	C	Y	U	Y	Y	G	P
I	Q	H	U	B	N	B	N	K	S	I	A	J	H	M	X	Y	W	Q
L	M	O	Q	A	Z	R	H	B	U	A	S	H	A	E	W	R	X	V
L	I	M	J	A	B	U	L	B	O	M	W	F	O	J	K	A	A	U
E	K	I	V	G	L	B	J	J	R	N	F	D	U	D	I	N	R	A
N	Z	A	J	O	M	D	L	T	E	J	X	V	J	A	U	F	U	P
V	A	U	P	I	P	S	Q	K	Y	X	X	C	S	E	I	D	N	P

C	Q	K	P	L	A	S	M	A	G	R	A	N	A	T	E	S	M	E
A	P	K	S	R	A	F	X	T	A	V	I	E	A	X	I	E	F	O
P	W	G	J	J	B	T	A	K	N	X	Y	F	J	M	W	M	G	J
C	O	E	K	L	S	O	M	V	E	N	M	J	U	J	L	F	P	L
Z	F	C	C	V	C	U	A	F	H	E	Q	L	J	U	Q	Z	K	W
U	Y	I	I	U	J	B	U	V	N	H	O	C	S	F	A	L	V	U
J	L	K	K	A	J	P	U	J	C	I	P	O	H	G	R	G	Z	G
E	L	Z	Q	B	B	E	K	G	D	A	E	P	Y	L	R	T	C	W
G	N	U	D	A	L	S	G	N	U	F	P	E	O	H	C	S	C	A
Z	E	I	T	R	A	P	T	O	R	E	N	E	D	U	L	L	K	A
J	X	P	I	N	U	N	N	G	D	C	Z	N	P	P	B	A	J	M
E	G	P	N	R	I	H	E	G	N	E	N	O	R	T	I	S	O	P
R	E	A	L	I	T	A	E	T	S	G	E	N	E	R	A	T	O	R
D	F	U	L	Y	H	X	H	K	T	I	P	A	G	Z	J	S	U	R
T	Y	S	Q	A	O	R	I	J	X	Z	K	K	P	L	G	Q	W	Q
X	U	N	C	G	V	A	V	Q	J	Q	B	F	X	R	T	O	A	U
Y	E	Z	I	C	V	C	B	K	I	I	A	P	U	T	D	X	H	A
V	K	A	J	M	E	O	Z	M	N	S	O	M	G	B	B	V	F	R
M	Z	F	V	B	C	I	Q	P	U	X	Y	U	J	G	J	P	H	Z
O	K	X	N	V	W	L	P	B	J	K	H	R	T	S	T	W	B	H
Z	Q	Q	S	G	Q	E	E	X	S	R	I	H	L	J	C	K	J	I
Y	D	S	R	F	L	H	A	Z	A	D	Y	C	F	X	S	T	C	R
E	P	P	A	K	K	N	E	D	B	T	H	S	V	H	J	I	B	N
J	B	L	X	W	G	G	P	K	O	F	K	M	C	H	A	O	M	V

SIMULOID
HELIOCAR
QUARZHIRN
DENKKAPPE
ZEITRAPTOREN

PLASMAGRANATE
SCHRUMPFKANONE
POSITRONENGEHIRN
SCHOEPFUNGSLADUNG
REALITAETSGENERATOR

Lösung

```
C Q K P L A S M A G R A N A T E S M E
A P K S R A F X T A V I E A X I E F O
P W G J J B T A K N X Y F J M W M G J
C O E K L S O M V E N M J U J L F P L
Z F C C V C U A F H E Q L J U Q Z K W
U Y I I U J B U V N H O C S F A L V U
J L K K A J P U J C I P O H G R G Z G
E L Z Q B B E K G D A E P Y L R T C W
G N U D A L S G N U F P E O H C S C A
Z E I T R A P T O R E N E D U L L K A
J X P I N U N N G D C Z N P P B A J M
E G P N R I H E G N E N O R T I S O P
R E A L I T A E T S G E N E R A T O R
D F U L Y H X H K T I P A G Z J S U R
T Y S Q A O R I J X Z K K P L G Q W Q
X U N C G V A V Q J Q B F X R T O A U
Y E Z I C V C B K I I A P U T D X H A
V K A J M E O Z M N S O M G B B V F R
M Z F V B C I Q P U X Y U J G J P H Z
O K X N V W L P B J K H R T S T W B H
Z Q Q S G Q E E X S R I H L J C K J I
Y D S R F L H A Z A D Y C F X S T C R
E P P A K K N E D B T H S V H J I B N
J B L X W G G P K O F K M C H A O M V
```

O	T	D	B	H	B	N	X	V	R	H	C	P	W	R	K	D	Z	T
T	E	P	P	C	H	U	C	B	H	Y	H	Z	Z	L	E	O	O	B
H	L	R	R	E	N	A	I	S	U	R	Y	P	A	P	F	A	R	V
S	E	G	L	X	T	O	R	M	B	B	X	Z	Q	X	E	D	A	W
K	P	Z	B	Z	M	Q	E	I	J	T	Q	K	O	Z	W	Q	H	E
J	O	C	Q	B	P	E	L	X	C	X	N	S	D	Y	U	Z	X	Z
Y	R	T	M	A	C	N	R	G	N	U	V	N	C	Q	E	Z	F	N
I	T	W	G	K	S	A	D	Y	R	P	W	J	S	R	O	J	W	B
F	E	B	L	A	U	K	O	P	F	R	E	P	T	I	D	E	M	B
U	R	J	P	E	U	Z	C	C	G	S	T	I	G	P	M	E	G	E
B	B	C	M	U	J	Z	N	D	M	C	V	I	S	T	Q	F	L	L
W	R	E	F	E	A	L	H	C	S	E	T	L	E	A	K	J	K	Z
M	A	G	M	A	S	C	H	L	E	U	D	E	R	G	Q	F	U	C
T	R	A	N	S	P	O	R	T	E	R	S	T	R	A	H	L	U	F
I	I	D	T	F	S	Z	D	I	N	O	E	Y	Q	W	D	W	L	K
Z	N	N	I	N	F	I	Y	M	P	L	A	O	M	H	P	Z	E	D
C	K	I	M	C	C	U	S	G	I	S	P	X	O	R	T	T	B	Y
P	Y	Z	K	O	M	F	K	J	B	X	F	J	O	O	Y	H	E	Y
J	P	W	G	F	Z	A	O	N	G	O	M	X	U	N	W	E	I	Q
D	O	Q	J	K	S	P	E	O	M	O	Y	I	T	Z	Y	K	R	C
V	N	A	P	S	Y	C	H	O	S	C	H	I	L	D	E	P	T	X
I	G	F	S	Z	E	I	T	K	R	A	N	K	H	E	I	T	N	W
T	X	H	J	R	Y	J	S	C	M	Q	B	P	U	K	W	Y	A	Q
L	B	M	E	T	A	C	H	Y	O	N	E	N	S	T	A	U	B	T

TELEPORTER
SKIP ANTRIEB
PAPYRUSIANER
ZEITKRANKHEIT
BLAUKOPFREPTID

PSYCHOSCHILDE
KAELTESCHLAEFER
TACHYONENSTAUB
MAGMASCHLEUDER
TRANSPORTERSTRAHL

Lösung

O T D B H B N X V R H C P W R K D Z T
T E P P C H U C B H Y H Z Z L E O O B
H L R R E N A I S U R Y P A P F A R V
S E G L X T O R M B B X Z Q X E D A W
K P Z B Z M Q E I J T Q K O Z W Q H E
J O C Q B P E L X C X N S D Y U Z X Z
Y R T M A C N R G N U V N C Q E Z F N
I T W G K S A D Y R P W J S R O J W B
F E B L A U K O P F R E P T I D E M B
U R J P E U Z C C G S T I G P M E G E
B B C M U J Z N D M C V I S T Q F L L
W R E F E A L H C S E T L E A K J K Z
M A G M A S C H L E U D E R G Q F U C
T R A N S P O R T E R S T R A H L U F
I I D T F S Z D I N O E Y Q W D W L K
Z N N I N F I Y M P L A O M H P Z E D
C K I M C C U S G I S P X O R T T B Y
P Y Z K O M F K J B X F J O O Y H E Y
J P W G F Z A O N G O M X U N W E I Q
D O Q J K S P E O M O Y I T Z Y K R C
V N A P S Y C H O S C H I L D E P T X
I G F S Z E I T K R A N K H E I T N W
T X H J R Y J S C M Q B P U K W Y A Q
L B M E T A C H Y O N E N S T A U B T

R	D	M	E	P	U	O	F	C	H	X	J	A	A	W	G	B	T	S
C	F	N	E	S	S	A	R	L	E	P	P	O	D	S	S	U	K	X
K	J	S	Y	Z	P	S	F	C	X	J	Q	P	M	C	C	A	M	N
S	F	F	Q	A	O	S	M	O	S	E	M	A	S	K	E	T	D	V
E	B	P	Q	R	H	A	A	N	L	X	H	D	H	Z	I	S	Q	S
T	L	V	J	D	S	G	U	X	W	P	W	I	S	E	Q	S	P	B
A	L	R	I	Y	R	D	X	K	A	I	X	M	G	N	M	T	P	Y
O	X	L	Q	L	H	D	P	K	O	J	T	E	W	P	T	I	J	N
D	P	S	V	U	J	C	R	U	H	H	P	N	L	T	E	E	E	B
T	I	B	W	F	Z	Z	D	O	D	U	B	S	U	U	Y	K	I	E
A	N	E	U	T	R	O	N	E	N	P	E	I	T	S	C	H	E	I
D	J	Z	C	P	Y	H	F	A	B	F	S	O	X	C	X	C	O	R
O	N	N	D	P	H	P	F	H	P	I	V	N	A	H	S	I	R	T
Q	P	F	G	U	V	H	G	Z	W	F	M	S	M	L	E	L	N	N
L	L	A	T	S	I	R	K	O	G	R	O	B	T	A	E	K	J	A
F	E	M	B	O	T	B	B	S	O	K	V	R	J	F	X	R	Y	P
T	L	E	Y	C	X	O	O	G	Q	F	U	E	T	K	R	I	C	R
B	F	L	C	Y	J	X	D	M	G	O	L	C	T	A	V	W	X	A
I	G	Y	F	C	I	Z	M	W	D	W	S	H	Q	M	O	P	X	W
M	A	T	E	R	I	E	W	A	N	D	L	E	R	M	L	T	H	Z
R	C	K	H	T	J	J	T	M	B	J	E	R	Y	E	O	J	M	N
A	W	G	C	D	C	L	G	U	Y	C	Z	W	U	R	N	J	H	W
W	T	Q	X	N	N	X	L	K	D	D	L	N	C	V	P	Y	I	I
F	F	W	A	C	K	O	Z	Y	D	I	Q	Z	O	P	U	P	I	I

10

FEMBOT
DOPPELRASSE
WARPANTRIEB
ORGOKRISTALL
OSMOSEMASKE

SCHLAFKAMMER
MATERIEWANDLER
WIRKLICHKEITSSTAUB
DIMENSIONSBRECHER
NEUTRONENPEITSCHE

Lösung

R	D	M	E	P	U	O	F	C	H	X	J	A	A	W	G	B	T	S
C	F	N	E	S	S	A	R	L	E	P	P	O	D	S	S	U	K	X
K	J	S	Y	Z	P	S	F	C	X	J	Q	P	M	C	C	A	M	N
S	F	F	Q	A	O	S	M	O	S	E	M	A	S	K	E	T	D	V
E	B	P	Q	R	H	A	A	N	L	X	H	D	H	Z	I	S	Q	S
T	L	V	J	D	S	G	U	X	W	P	W	I	S	E	Q	S	P	B
A	L	R	I	Y	R	D	X	K	A	I	X	M	G	N	M	T	P	Y
O	X	L	Q	L	H	D	P	K	O	J	T	E	W	P	T	I	J	N
D	P	S	V	U	J	C	R	U	H	H	P	N	L	T	E	E	E	B
T	I	B	W	F	Z	Z	D	O	D	U	B	S	U	U	Y	K	I	E
A	N	E	U	T	R	O	N	E	N	P	E	I	T	S	C	H	E	I
D	J	Z	C	P	Y	H	F	A	B	F	S	O	X	C	X	C	O	R
O	N	N	D	P	H	P	F	H	P	I	V	N	A	H	S	I	R	T
Q	P	F	G	U	V	H	G	Z	W	F	M	S	M	L	E	L	N	N
L	L	A	T	S	I	R	K	O	G	R	O	B	T	A	E	K	J	A
F	E	M	B	O	T	B	B	S	O	K	V	R	J	F	X	R	Y	P
T	L	E	Y	C	X	O	O	G	Q	F	U	E	T	K	R	I	C	R
B	F	L	C	Y	J	X	D	M	G	O	L	C	T	A	V	W	X	A
I	G	Y	F	C	I	Z	M	W	D	W	S	H	Q	M	O	P	X	W
M	A	T	E	R	I	E	W	A	N	D	L	E	R	M	L	T	H	Z
R	C	K	H	T	J	J	T	M	B	J	E	R	Y	E	O	J	M	N
A	W	G	C	D	C	L	G	U	Y	C	Z	W	U	R	N	J	H	W
W	T	Q	X	N	N	X	L	K	D	D	L	N	C	V	P	Y	I	I
F	F	W	A	C	K	O	Z	Y	D	I	Q	Z	O	P	U	P	I	I

A I J S U Z X W A E R X Y Y F R U P E
N L T E G R V Y A O E X B G R D M L H
K M M X F Y A G T X J I N O J B X A M
R U E K S D N A K R A C I Z M I C N F
A A T S R J G B E I Z D N B O H O E D
H R U Z H O E G H R E W T S O O M T V
O T F M R F R E E N G X D D T M J E P
W S B T Y A U P R N J Z L L M Z Y N M
K A S M H I L A S J T E U S J Y P F S
N A Q C Y I S D Y Y B P G Q O F L E O
X T T T K S Y N K J A V J P K M N S V
N N T A E S Y R E O V E X O S K Y T M
N A T Z J R U G R Q K X R Q Y D S U K
U O V P B R H X W R H F N H Z T Y N I
R Z R U U P X T Y N K H B F W I I G N
D S X L S P H X R J S K Q K T I A F O
B V U O F O Y A Z C E E A T M F G K R
F A I S L V C V D M T V I C Z E T D T
N T R A K T O R S T R A H L P Y H B O
X E R X C F R Z F T Y Y C V N E F D H
E F F Q P H A V W I Q J S P G A S M C
T V T D W F Z L J X A S E R I O D T Y
S M B Y X Q Q V Y C X P Q H Z V E B S
R E G N E A G T I E Z C N S O L A H P

11

XASER CHARGER
ROIDENRASSE
ASTROGATOR
ULURU HALO
REPLIKATOR

ZEITGAENGER
STRAUMLI PEST
PSYCHOTRONIK
TRAKTORSTRAHL
PLANETENFESTUNG

Lösung

A I J S U Z X W A E R X Y Y F R U P E
N L T E G R V Y A O E X B G R D M L H
K M M X F Y A G T X J I N O J B X A M
R U E K S D N A K R A C I Z M I C N F
A A T S R J G B E I Z D N B O H O E D
H R U Z H O E G H R E W T S O O M T V
O T F M R F R E E N G X D D T M J E P
W S B T Y A U P R N J Z L L M Z Y N M
K A S M H I L A S J T E U S J Y P F S
N A Q C Y I S D Y Y B P G Q O F L E O
X T T T K S Y N K J A V J P K M N S V
N N T A E S Y R E O V E X O S K Y T M
N A T Z J R U G R Q K X R Q Y D S U K
U O V P B R H X W R H F N H Z T Y N I
R Z R U U P X T Y N K H B F W I I G N
D S X L S P H X R J S K Q K T I A F O
B V U O F O Y A Z C E E A T M F G K R
F A I S L V C V D M T V I C Z E T D T
N T R A K T O R S T R A H L P Y H B O
X E R X C F R Z F T Y Y C V N E F D H
E F F Q P H A V W I Q J S P G A S M C
T V T D W F Z L J X A S E R I O D T Y
S M B Y X Q Q V Y C X P Q H Z V E B S
R E G N E A G T I E Z C N S O L A H P

S	O	X	W	S	B	U	V	N	Q	F	Q	N	T	P	F	U	G	Q
M	T	W	R	V	D	Q	T	E	A	K	X	C	O	L	M	V	E	H
H	A	D	D	K	L	T	Q	T	I	I	G	I	D	A	R	U	X	P
F	L	S	A	I	J	Q	W	I	O	S	N	T	E	N	X	R	Q	G
R	M	I	C	G	R	F	V	N	D	F	L	R	S	E	K	N	R	I
H	D	T	O	H	B	M	T	I	A	A	H	A	S	T	W	U	X	P
V	A	A	V	K	I	P	G	L	L	N	O	U	T	E	E	R	V	A
J	P	T	H	J	V	N	M	K	L	T	U	M	R	N	S	A	V	A
J	U	O	W	V	O	P	E	S	P	I	L	T	A	S	H	S	E	H
J	V	L	P	T	P	K	F	E	R	G	D	A	H	C	T	R	D	O
Z	R	Y	M	R	W	P	I	M	A	R	H	N	L	H	I	H	I	W
O	J	E	I	F	W	J	D	C	U	A	D	K	A	I	T	A	O	S
C	C	J	F	U	T	B	R	M	M	V	I	E	H	F	N	E	R	Q
D	U	G	X	O	G	U	F	O	K	F	S	W	O	F	D	C	D	Y
M	C	P	Y	Q	E	Y	G	N	R	E	R	Z	L	Q	B	T	F	O
P	G	B	V	N	V	H	D	D	U	L	U	I	A	V	R	B	P	A
D	D	G	F	F	O	T	J	B	E	D	P	H	H	B	U	L	M	T
Z	W	N	Y	H	A	U	S	R	M	L	T	G	P	X	M	P	A	X
G	E	I	Z	U	C	H	T	A	M	R	O	K	S	C	M	U	K	Z
W	O	I	Y	O	S	A	G	N	U	Q	R	L	X	T	E	E	F	W
R	S	J	D	A	G	N	J	D	N	R	D	F	C	L	N	M	L	O
T	C	V	O	I	I	Z	O	Y	G	K	W	U	W	S	F	H	K	H
S	Z	A	E	H	J	E	N	W	S	O	J	G	I	G	S	Z	A	V
U	J	L	V	M	A	B	X	E	O	Z	J	F	Q	Y	H	S	J	S

12

ANTIGRAVFELD
TAOS BRUMMEN
PLANETENSCHIFF
MESKLINITEN ZUCHT
RAUMKRUEMMUNGS MASCHINE

DISRUPTOR
TRAUMTANK
TODESSTRAHL
MONDBRANDY
KAMPFDROIDE

Lösung

S O X W S B U V N Q F Q N T P F U G Q
M T W R V D Q T E A K X C O L M V E H
H A D D K L T Q T I I G I D A R U X P
F L S A I J Q W I O S N T E N X R Q G
R M I C G R F V N D F L R S E K N R I
H D T O H B M T I A A H A S T W U X P
V A A V K I P G L L N O U T E E R V A
J P T H J V N M K L T U M R N S A V A
J U O W V O P E S P I L T A S H S E H
J V L P T P K F E R G D A H C T R D O
Z R Y M R W P I M A R H N L H I H I W
O J E I F W J D C U A D K A I T A O S
C C J F U T B R M M V I E H F N E R Q
D U G X O G U F O K F S W O F D C D Y
M C P Y Q E Y G N R E R Z L Q B T F O
P G B V N V H D D U L U I A V R B P A
D D G F F O T J B E D P H H B U L M T
Z W N Y H A U S R M L T G P X M P A X
G E I Z U C H T A M R O K S C M U K Z
W O I Y O S A G N U Q R L X T E E F W
R S J D A G N J D N R D F C L N M L O
T C V O I I Z O Y G K W U W S F H K H
S Z A E H J E N W S O J G I G S Z A V
U J L V M A B X E O Z J F Q Y H S J S

K	T	L	N	S	F	Z	R	A	V	N	R	R	Z	E	C	P	Q	P
S	V	L	K	Z	V	G	D	F	Z	I	R	P	U	S	J	C	D	E
I	N	A	N	O	M	I	K	R	O	B	E	N	F	Y	O	S	Y	T
G	T	L	N	I	J	X	J	Y	K	H	P	N	P	M	D	A	N	G
N	U	P	J	W	I	R	B	E	L	T	C	I	D	G	U	S	F	S
A	D	A	M	O	Z	I	W	E	L	L	S	R	S	P	H	A	K	H
L	B	W	E	D	A	Q	C	M	T	T	X	J	A	X	G	G	R	V
H	S	C	H	W	E	R	K	R	A	F	T	P	I	S	T	O	L	E
A	P	W	G	H	K	A	O	G	A	C	G	F	C	T	M	E	O	N
E	X	U	R	B	U	G	E	V	X	I	O	Q	R	N	W	M	P	U
N	A	E	U	W	K	R	M	P	L	Q	Y	G	M	N	R	R	G	S
D	U	L	D	H	G	X	T	D	C	I	A	I	H	L	X	M	W	I
L	T	D	Q	G	T	B	E	K	U	D	U	E	M	Q	O	X	O	A
E	D	I	A	F	V	C	I	G	V	V	M	R	P	L	N	X	O	N
R	U	L	T	R	A	S	C	H	A	L	L	P	I	S	T	O	L	E
L	K	J	S	G	U	L	F	T	H	C	I	L	R	E	B	E	U	R
V	A	F	M	Z	B	L	O	I	V	Q	L	P	X	A	O	N	W	W
R	J	S	T	R	A	H	L	E	N	G	E	S	C	H	U	E	T	Z
I	H	O	H	H	T	M	D	Z	X	F	Q	O	J	R	Q	H	J	W
K	N	K	R	A	F	T	F	E	L	D	C	F	B	M	K	V	N	R
W	S	E	D	N	E	R	E	I	S	L	U	P	E	Y	R	N	P	B
J	Z	U	F	Q	K	V	J	B	R	I	D	M	S	B	N	D	I	A
G	T	Q	H	I	O	L	P	T	P	X	X	Y	V	E	W	F	X	B
G	S	F	Z	U	G	G	V	X	S	P	H	R	K	B	M	O	X	L

13

VENUSIANER
NANOMIKROBEN
UEBERLICHTFLUG
WELLS AGGREGAT
SIGNALHAENDLER GILDE

RAUM ZEIT WIRBEL
ULTRASCHALLPISTOLE
STRAHLENGESCHUETZ
SCHWERKRAFTPISTOLE
PULSIERENDES KRAFTFELD

Lösung

K T L N S F Z R A V N R R Z E C P Q P
S V L K Z V G D F Z I R P U S J C D E
I N A N O M I K R O B E N F Y O S Y T
G T L N I J X J Y K H P N P M D A N G
N U P J W I R B E L T C I D G U S F S
A D A M O Z I W E L L S R S P H A K H
L B W E D A Q C M T T X J A X G G R V
H S C H W E R K R A F T P I S T O L E
A P W G H K A O G A C G F C T M E O N
E X U R B U G E V X I O Q R N W M P U
N A E U W K R M P L Q Y G M N R R G S
D U L D H G X T D C I A I H L X M W I
L T D Q G T B E K U D U E M Q O X O A
E D I A F V C I G V V M R P L N X O N
R U L T R A S C H A L L P I S T O L E
L K J S G U L F T H C I L R E B E U R
V A F M Z B L O I V Q L P X A O N W W
R J S T R A H L E N G E S C H U E T Z
I H O H H T M D Z X F Q O J R Q H J W
K N K R A F T F E L D C F B M K V N R
W S E D N E R E I S L U P E Y R N P B
J Z U F Q K V J B R I D M S B N D I A
G T Q H I O L P T P X X Y V E W F X B
G S F Z U G G V X S P H R K B M O X L

U	C	N	R	C	Z	Q	R	K	P	S	Z	J	I	E	O	L	T	Y
N	U	E	P	W	V	J	Z	R	Z	X	D	L	S	T	K	I	L	C
Q	V	A	J	L	D	I	M	O	A	K	S	Q	U	Z	E	V	H	S
I	V	C	G	N	R	I	O	S	D	V	T	X	S	X	R	D	A	X
S	N	E	W	A	A	Z	S	I	D	D	J	H	I	R	A	J	Y	Y
H	U	U	C	S	I	E	U	V	S	W	K	M	W	R	Z	J	W	I
A	F	T	D	G	L	C	V	E	E	M	N	S	B	C	T	R	A	G
N	S	T	S	T	G	C	U	L	Z	K	V	O	O	F	O	A	G	I
T	B	Z	G	Z	U	X	O	E	E	A	Q	N	Q	F	C	E	M	S
B	L	G	D	V	N	X	I	T	P	Z	G	N	O	B	R	M	R	A
P	D	P	L	M	A	T	V	O	Z	X	I	E	V	E	H	M	W	K
Z	T	F	M	A	M	M	R	R	T	R	I	N	O	P	M	K	L	M
D	H	C	V	U	F	I	D	L	A	A	M	P	F	D	P	O	T	J
Q	J	E	E	H	S	G	C	I	S	V	A	L	Y	R	X	B	R	I
P	M	L	Y	I	U	E	D	Q	U	A	D	A	R	R	F	P	T	N
G	L	X	E	D	D	I	A	U	F	A	D	S	W	X	Z	G	D	N
I	R	R	T	M	O	C	W	H	W	G	P	M	R	T	U	E	F	G
Y	E	N	O	R	R	Y	D	R	P	O	X	A	R	A	W	N	K	S
N	Z	Z	D	F	Y	R	E	D	R	O	C	I	R	T	H	E	S	E
B	M	N	O	S	T	P	Y	R	L	T	R	D	Y	Z	S	R	E	C
Y	A	I	B	O	R	X	P	A	T	P	Z	V	X	R	O	A	Q	C
K	C	G	C	Z	Q	T	K	Y	M	Q	I	R	Z	W	J	T	Z	Z
J	R	Z	K	B	W	Y	I	I	O	W	R	W	X	Q	S	O	N	N
H	R	D	J	D	N	O	M	L	E	P	P	O	D	D	A	R	T	A

TELEVISOR
TRICORDER
DOPPELMOND
VAPORISIEREN
SONNENPLASMA GENERATOR

MATRIX
RAILGUN
ANDROID
ZEITMUELL
NEW ROME

Lösung

U	C	N	R	C	Z	Q	R	K	P	S	Z	J	I	E	O	L	T	Y
N	U	E	P	W	V	J	Z	R	Z	X	D	L	S	T	K	I	L	C
Q	V	A	J	L	D	I	M	O	A	K	S	Q	U	Z	E	V	H	S
I	V	C	G	N	R	I	O	S	D	V	T	X	S	X	R	D	A	X
S	N	E	W	A	A	Z	S	I	D	D	J	H	I	R	A	J	Y	Y
H	U	U	C	S	I	E	U	V	S	W	K	M	W	R	Z	J	W	I
A	F	T	D	G	L	C	V	E	E	M	N	S	B	C	T	R	A	G
N	S	T	S	T	G	C	U	L	Z	K	V	O	O	F	O	A	G	I
T	B	Z	G	Z	U	X	O	E	E	A	Q	N	Q	F	C	E	M	S
B	L	G	D	V	N	X	I	T	P	Z	G	N	O	B	R	M	R	A
P	D	P	L	M	A	T	V	O	Z	X	I	E	V	E	H	M	W	K
Z	T	F	M	A	M	M	R	R	T	R	I	N	O	P	M	K	L	M
D	H	C	V	U	F	I	D	L	A	A	M	P	F	D	P	O	T	J
Q	J	E	E	H	S	G	C	I	S	V	A	L	Y	R	X	B	R	I
P	M	L	Y	I	U	E	D	Q	U	A	D	A	R	R	F	P	T	N
G	L	X	E	D	D	I	A	U	F	A	D	S	W	X	Z	G	D	N
I	R	R	T	M	O	C	W	H	W	G	P	M	R	T	U	E	F	G
Y	E	N	O	R	R	Y	D	R	P	O	X	A	R	A	W	N	K	S
N	Z	Z	D	F	Y	R	E	D	R	O	C	I	R	T	H	E	S	E
B	M	N	O	S	T	P	Y	R	L	T	R	D	Y	Z	S	R	E	C
Y	A	I	B	O	R	X	P	A	T	P	Z	V	X	R	O	A	Q	C
K	C	G	C	Z	Q	T	K	Y	M	Q	I	R	Z	W	J	T	Z	Z
J	R	Z	K	B	W	Y	I	I	O	W	R	W	X	Q	S	O	N	N
H	R	D	J	D	N	O	M	L	E	P	P	O	D	D	A	R	T	A

D	D	B	K	N	L	B	G	H	M	R	Q	P	P	U	Z	K	U	Q
R	V	I	R	O	M	W	T	V	N	K	G	H	B	F	H	U	K	R
Z	Q	K	S	Z	T	T	A	I	F	Y	R	T	T	P	C	P	J	J
Y	V	N	G	D	S	B	X	B	X	Y	P	T	I	E	S	L	V	V
Z	B	K	Z	U	I	F	I	R	B	X	E	Q	V	H	T	H	M	R
E	G	A	O	U	L	V	A	A	N	S	C	U	C	D	V	A	M	S
I	B	E	A	M	E	N	R	B	N	K	G	N	K	B	R	R	A	U
T	Y	L	Y	X	Y	G	V	L	I	J	Z	J	W	R	I	T	D	R
W	H	T	A	H	T	T	I	A	C	J	B	F	E	A	J	S	F	A
A	H	B	K	I	G	U	C	S	H	T	E	C	G	U	G	T	G	U
E	Q	I	E	K	Q	Q	R	T	X	Q	O	F	U	M	E	R	A	M
C	X	Z	O	Z	Z	Z	G	E	V	S	E	C	D	G	B	O	S	Z
H	F	N	C	V	E	P	P	R	F	H	X	U	Z	L	V	P	P	E
T	J	S	D	K	A	M	P	F	R	O	B	O	T	E	R	S	L	I
E	F	W	E	M	L	M	S	U	W	G	Q	V	N	I	F	N	A	T
R	G	U	I	U	A	Y	H	I	L	G	J	G	G	T	O	A	N	A
P	I	H	C	S	I	N	H	C	E	A	D	E	G	E	H	R	E	N
A	H	J	J	S	P	L	I	W	N	G	V	U	B	R	T	T	T	Z
J	F	L	M	K	S	S	M	Z	E	G	S	Z	O	Q	Q	T	O	U
Y	X	K	G	W	X	J	G	U	S	N	E	F	P	B	B	I	I	G
J	N	E	M	R	Z	S	B	R	R	D	C	G	D	X	P	E	D	R
H	M	R	R	X	W	H	X	F	D	F	Z	S	M	U	E	Z	M	F
S	B	S	G	U	G	M	O	M	H	T	F	U	E	Z	A	Z	G	V
A	T	B	U	D	W	K	A	X	J	L	M	L	A	P	V	D	A	J

15

RAUMGLEITER
VIBRABLASTER
KAMPFROBOTER
GEDAECHNISCHIP
ZEITTRANSPORTSTRAHL

BEAMEN
ZEITGRAB
GASPLANETOID
ZEITWAECHTER
RAUMZEITANZUG

Lösung

D D B K N L B G H M R Q P P U Z K U Q
R V I R O M W T V N K G H B F H U K R
Z Q K S Z T T A I F Y R T T P C P J J
Y V N G D S B X B X Y P T I E S L V V
Z B K Z U I F I R B X E Q V H T H M R
E G A O U L V A A N S C U C D V A M S
I B E A M E N R B N K G N K B R R A U
T Y L Y X Y G V L I J Z J W R I T D R
W H T A H T T I A C J B F E A J S F A
A H B K I G U C S H T E C G U G T G U
E Q I E K Q Q R T X Q O F U M E R A M
C X Z O Z Z Z G E V S E C D G B O S Z
H F N C V E P P R F H X U Z L V P P E
T J S D K A M P F R O B O T E R S L I
E F W E M L M S U W G Q V N I F N A T
R G U I U A Y H I L G J G G T O A N A
P I H C S I N H C E A D E G E H R E N
A H J J S P L I W N G V U B R T T T Z
J F L M K S S M Z E G S Z O Q Q T O U
Y X K G W X J G U S N E F P B B I I G
J N E M R Z S B R R D C G D X P E D R
H M R R X W H X F D F Z S M U E Z M F
S B S G U G M O M H T F U E Z A Z G V
A T B U D W K A X J L M L A P V D A J

X	B	J	G	M	B	F	M	Z	E	U	G	N	S	T	A	A	Z	G
N	E	U	Z	A	H	G	F	Y	C	W	Y	F	G	I	M	V	M	A
R	I	T	J	R	A	M	U	I	Y	V	P	B	B	U	C	C	E	N
E	R	B	P	S	U	I	Y	W	H	E	S	K	A	O	B	E	M	T
L	T	R	Y	W	L	M	G	R	F	C	G	R	K	Z	G	O	O	W
D	N	W	S	E	R	F	M	G	A	X	S	X	S	T	W	I	K	Z
N	A	K	G	S	D	Q	A	Y	O	N	D	M	K	F	I	P	R	E
A	N	S	B	E	K	W	V	N	O	Y	Q	K	U	F	S	D	I	I
W	E	B	E	N	X	O	I	I	X	V	A	Y	Y	A	I	A	S	T
H	T	J	W	B	Q	H	S	B	J	Y	A	L	K	M	R	Z	T	K
C	O	R	G	Z	R	N	U	A	E	Y	P	Z	E	N	H	J	A	O
A	Y	A	D	K	E	M	Z	R	J	L	C	N	U	G	U	H	L	N
R	L	P	A	P	E	O	F	A	T	J	S	R	W	T	N	C	L	D
P	O	J	S	M	M	D	Z	L	Q	I	W	P	Y	N	M	H	H	E
S	P	U	V	O	T	U	P	Z	O	N	D	L	D	P	G	X	T	N
W	S	L	E	V	S	L	Q	N	K	H	O	Y	S	P	S	Y	W	S
N	V	L	U	C	G	X	S	X	N	H	Z	L	H	M	L	G	C	A
Q	Y	Y	J	R	V	F	O	S	A	Z	Q	M	X	E	D	D	F	T
B	G	E	E	L	E	S	T	R	D	S	L	C	L	A	A	E	U	W
M	X	V	S	L	D	C	I	R	O	T	N	E	N	R	E	T	S	M
B	A	B	D	C	T	Y	G	Y	A	Z	T	X	O	I	T	B	Q	D
X	L	H	N	A	M	G	J	C	U	I	S	S	A	J	P	O	U	J
X	J	A	G	K	Y	Z	B	P	D	E	E	N	B	B	B	C	W	L
G	P	O	P	U	D	J	A	O	S	N	T	Z	F	X	A	T	Z	Y

16

RAUMSCHIFF
STERNENTOR
WOHNMODUL
MEMOKRISTALL
TELELYT DIMENSIONSFELD

MARSWESEN
ZEITKONDENSAT
SPRACHWANDLER
POLYOTENANTRIEB
SUSPENSIONSRAUM

Lösung

X	B	J	G	M	B	F	M	Z	E	U	G	N	S	T	A	A	Z	G
N	E	U	Z	A	H	G	F	Y	C	W	Y	F	G	I	M	V	M	A
R	I	T	J	R	A	M	U	I	Y	V	P	B	B	U	C	C	E	N
E	R	B	P	S	U	I	Y	W	H	E	S	K	A	O	B	E	M	T
L	T	R	Y	W	L	M	G	R	F	C	G	R	K	Z	G	O	O	W
D	N	W	S	E	R	F	M	G	A	X	S	X	S	T	W	I	K	Z
N	A	K	G	S	D	Q	A	Y	O	N	D	M	K	F	I	P	R	E
A	N	S	B	E	K	W	V	N	O	Y	Q	K	U	F	S	D	I	I
W	E	B	E	N	X	O	I	I	X	V	A	Y	Y	A	I	A	S	T
H	T	J	W	B	Q	H	S	B	J	Y	A	L	K	M	R	Z	T	K
C	O	R	G	Z	R	N	U	A	E	Y	P	Z	E	N	H	J	A	O
A	Y	A	D	K	E	M	Z	R	J	L	C	N	U	G	U	H	L	N
R	L	P	A	P	E	O	F	A	T	J	S	R	W	T	N	C	L	D
P	O	J	S	M	M	D	Z	L	Q	I	W	P	Y	N	M	H	H	E
S	P	U	V	O	T	U	P	Z	O	N	D	L	D	P	G	X	T	N
W	S	L	E	V	S	L	Q	N	K	H	O	Y	S	P	S	Y	W	S
N	V	L	U	C	G	X	S	X	N	H	Z	L	H	M	L	G	C	A
Q	Y	Y	J	R	V	F	O	S	A	Z	Q	M	X	E	D	D	F	T
B	G	E	E	L	E	S	T	R	D	S	L	C	L	A	A	E	U	W
M	X	V	S	L	D	C	I	R	O	T	N	E	N	R	E	T	S	M
B	A	B	D	C	T	Y	G	Y	A	Z	T	X	O	I	T	B	Q	D
X	L	H	N	A	M	G	J	C	U	I	S	S	A	J	P	O	U	J
X	J	A	G	K	Y	Z	B	P	D	E	E	N	B	B	B	C	W	L
G	P	O	P	U	D	J	A	O	S	N	T	Z	F	X	A	T	Z	Y

F	K	G	C	E	E	D	J	X	F	T	J	Z	J	H	K	V	E	N
L	G	U	V	Z	L	H	P	L	W	L	E	N	O	M	K	J	H	L
O	T	J	F	E	N	H	Y	T	W	I	N	L	M	Y	F	V	S	B
D	T	A	J	D	I	H	E	G	T	H	O	L	P	B	B	P	F	Q
L	C	V	S	O	O	M	G	W	D	D	P	M	V	H	H	T	S	P
Y	H	T	E	N	P	R	E	R	E	N	O	S	L	R	S	C	K	U
O	B	U	A	O	L	L	P	C	R	R	B	E	I	R	Q	X	A	E
F	U	F	N	Q	L	W	K	H	I	K	Y	W	J	C	M	F	E	M
J	C	A	Y	E	Y	W	O	P	R	P	H	M	Y	C	A	W	I	E
U	U	S	N	J	F	Y	D	E	N	I	I	V	Z	G	J	K	Z	T
T	H	G	G	V	R	E	S	K	O	J	Q	A	O	Z	R	A	N	B
V	Q	N	B	Z	R	Y	N	R	N	M	T	V	Z	O	P	U	T	Z
B	D	X	G	E	H	L	V	O	K	R	Z	X	Z	T	T	R	G	A
Y	X	R	G	A	V	Y	Y	O	N	W	E	Y	X	I	Y	H	Y	G
C	C	S	L	R	I	Y	M	V	F	A	K	T	E	F	P	X	Z	H
K	W	Z	W	O	B	L	Z	T	F	L	K	Z	S	R	O	R	S	Q
B	P	A	Z	T	R	Z	R	C	O	D	M	N	O	A	G	O	V	X
W	Q	W	K	A	A	A	Q	P	H	U	D	M	E	I	L	B	L	A
I	P	T	J	D	Z	V	D	Z	A	F	O	S	G	N	H	B	S	P
Q	H	P	X	E	T	S	T	R	L	N	P	X	B	V	O	C	K	J
L	L	A	I	R	F	D	P	V	E	O	U	L	G	W	F	I	I	B
A	E	X	B	P	A	Z	Y	X	W	X	V	F	I	Y	V	T	O	H
Q	H	X	J	O	S	T	A	S	I	S	S	P	R	U	N	G	E	N
G	N	C	U	E	U	S	T	R	A	N	D	G	U	T	R	J	N	L

17

HOLODECK
PREDATOR
XENOMORPH
TEMPONAUT
ZEITWELLEN PSI

MIKROZYKLOP
STASISSPRUNG
IONENKANONE
VIBRA BLASTER
RAUMZEIT STRANDGUT

Lösung

F K G C E E D J X F T J Z J H K V E N
L G U V Z L H P L W L E N O M K J H L
O T J F E N H Y T W I N L M Y F V S B
D T A J D I H E G T H O L P B B P F Q
L C V S O O M G W D D P M V H H T S P
Y H T E N P R E R E N O S L R S C K U
O B U A O L L P C R R B E I R Q X A E
F U F N Q L W K H I K Y W J C M F E M
J C A Y E Y W O P R P H M Y C A W I E
U U S N J F Y D E N I I V Z G J K Z T
T H G G V R E S K O J Q A O Z R A N B
V Q N B Z R Y N R N M T V Z O P U T Z
B D X G E H L V O K R Z X Z T T R G A
Y X R G A V Y Y O N W E Y X I Y H Y G
C C S L R I Y M V F A K T E F P X Z H
K W Z W O B L Z T F L K Z S R O R S Q
B P A Z T R Z R C O D M N O A G O V X
W Q W K A A A Q P H U D M E I L B L A
I P T J D Z V D Z A F O S G N H B S P
Q H P X E T S T R L N P X B V O C K J
L L A I R F D P V E O U L G W F I I B
A E X B P A Z Y X W X V F I Y V T O H
Q H X J O S T A S I S S P R U N G E N
G N C U E U S T R A N D G U T R J N L

I	E	S	C	M	K	A	G	A	N	P	V	T	H	B	R	F	G	I
G	W	Q	L	Q	W	J	M	Q	U	N	B	L	W	D	N	F	J	P
D	I	N	T	E	R	N	A	U	T	I	K	M	M	R	O	P	N	V
B	J	E	V	K	B	M	Y	A	Q	D	H	K	C	O	L	P	N	X
Z	L	H	U	Y	Q	B	T	M	W	D	A	N	Z	T	S	F	F	K
W	E	M	P	Z	S	D	A	U	X	L	B	C	B	A	A	H	K	R
P	V	B	F	X	K	A	P	E	P	P	I	H	C	R	Y	X	L	Z
O	O	D	Y	K	E	M	K	N	J	T	T	Q	S	E	K	P	D	S
U	Z	D	N	Y	L	Z	S	R	L	U	A	R	T	N	P	A	O	Q
X	A	S	W	A	E	Z	K	E	B	B	T	E	E	E	Q	R	J	J
X	J	Z	H	T	T	T	N	T	G	A	K	F	R	G	T	A	B	E
G	B	O	D	Q	T	T	V	I	A	C	U	L	R	S	N	L	V	U
U	A	D	I	V	G	R	E	E	K	R	P	E	A	T	A	Y	W	H
I	W	B	P	V	O	I	A	L	Y	G	P	K	F	E	K	S	P	I
S	T	S	S	Q	L	I	R	G	G	R	E	T	O	A	I	A	P	S
D	K	K	K	L	E	Z	V	R	N	T	L	O	R	T	L	T	D	F
O	Z	K	F	H	M	A	W	E	R	F	Z	R	M	I	P	O	F	N
H	W	A	Z	O	X	R	V	Z	S	W	F	Z	I	L	E	R	K	K
J	U	H	A	G	T	Q	A	N	H	G	W	O	N	A	R	R	X	M
W	Y	N	J	Q	G	U	K	A	Y	H	O	N	G	E	R	U	L	P
W	A	F	B	A	U	O	B	P	O	A	N	E	J	R	R	R	S	A
I	D	W	J	H	I	N	H	W	E	B	I	I	N	O	N	N	D	K
L	G	G	Y	J	G	X	W	O	M	O	V	R	K	Q	D	R	G	Q
V	R	C	L	D	G	N	L	R	D	K	Y	P	Y	Q	W	P	V	S

18

ZARQUON
REPLIKANT
PARALYSATOR
HABITATKUPPEL
REFLEKTORZONE

INTERNAUTIK
TERRAFORMING
SKELETTGOLEM
PANZERGLEITER
REALITAETSGENERATOR

Lösung

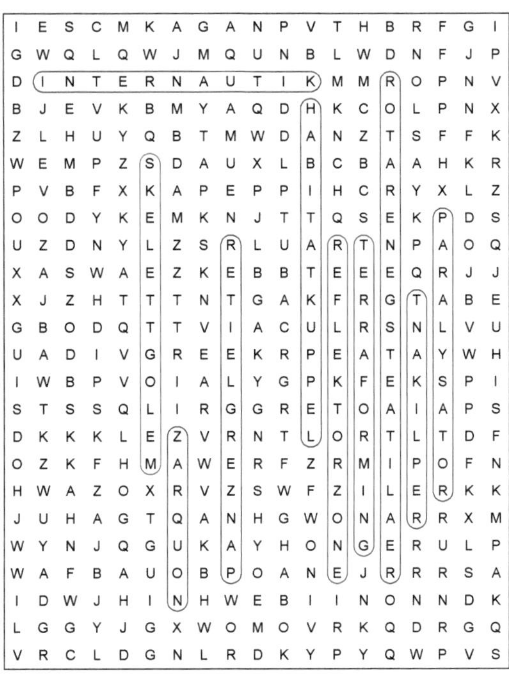

DAS

HORROR

WORTSUCHRÄTSEL BUCH

U	B	K	N	F	Q	L	D	N	R	E	W	D	V	T	B	W	T	I
M	S	P	N	K	T	I	S	Q	E	D	S	J	P	I	Y	H	T	O
Z	O	M	E	R	W	A	R	T	E	T	C	W	N	Z	C	W	R	T
R	X	R	E	C	T	E	T	F	I	G	R	E	V	A	E	R	H	V
M	L	E	D	V	K	X	U	X	P	I	T	K	N	S	D	N	N	D
Y	I	G	H	E	S	V	F	D	U	I	O	R	E	E	J	E	E	H
M	Q	J	V	H	B	Q	X	Y	K	R	E	N	X	E	J	A	R	Z
M	Q	Q	F	C	M	Q	Q	W	U	T	M	C	M	R	T	Z	W	Q
U	T	J	L	I	D	Y	E	C	T	B	U	B	B	N	L	U	D	Q
W	Z	C	T	L	H	V	J	I	B	E	J	N	Y	Y	E	M	X	U
T	H	V	I	M	O	J	M	J	E	S	I	O	F	F	K	E	M	T
G	S	N	Y	I	E	I	I	I	U	D	N	V	S	V	C	H	Q	U
T	R	Y	E	E	L	T	H	F	I	M	K	Y	M	J	E	R	M	R
N	N	W	Y	H	L	J	B	T	Y	L	Z	G	O	R	U	K	X	B
Y	B	R	I	N	E	X	Q	R	W	N	X	P	H	J	T	O	D	N
H	M	J	J	U	N	G	M	J	E	Z	V	U	Z	F	S	E	E	E
U	X	C	D	I	F	O	U	T	N	T	S	V	C	I	R	P	A	L
T	O	P	X	F	E	X	Z	V	V	C	L	H	A	H	E	F	U	L
P	S	X	M	D	U	E	J	B	H	D	E	U	L	L	Z	I	F	E
A	Z	A	D	C	E	V	I	E	E	G	D	T	K	X	S	G	R	O
M	S	V	S	O	R	J	N	D	N	D	E	R	F	K	P	E	M	H
U	O	Y	G	G	N	U	R	E	M	M	E	A	D	F	O	G	N	H
G	K	N	E	H	C	I	D	X	O	B	F	X	Q	D	J	G	X	Q
D	P	E	S	T	H	E	X	E	X	N	K	E	Z	R	K	W	R	H

UNHEIMLICHE WESEN DIE UMHERHUSCHEN

ZERSTUECKELT IN DER DAEMMERUNG

OKKULTER MORD UM MITTERNACHT

HOELLENFEUER ERWARTET DICH

VERGIFTET VON DER PESTHEXE

MEHRKOEPFIGE HOELLENBRUT

O	G	H	J	C	H	I	B	K	F	E	P	O	V	B	J	X	X	K
G	E	F	K	J	I	J	B	E	B	A	A	V	D	Z	T	X	V	L
I	N	O	V	C	M	D	I	O	E	Y	E	J	M	I	H	K	M	T
E	J	V	C	I	P	B	C	P	P	R	W	Q	B	N	O	D	R	R
K	E	N	C	M	U	Q	L	O	S	U	Y	Y	N	N	N	P	G	X
Z	Z	H	Q	S	M	A	G	U	N	K	K	O	E	U	S	G	N	S
B	I	Z	E	D	U	G	N	W	A	J	V	Z	L	W	I	G	E	O
B	M	D	G	I	G	K	U	M	W	N	D	H	W	Z	A	U	S	E
Z	O	M	B	I	E	S	G	R	P	E	C	D	I	C	H	M	S	G
C	H	Z	R	N	L	M	Y	A	X	S	R	V	S	P	I	Z	E	E
I	H	J	G	K	O	W	R	O	N	S	N	C	H	H	X	I	R	I
W	I	L	D	E	N	Z	M	E	X	I	L	I	K	P	Q	N	F	S
O	V	O	N	A	R	T	L	K	P	R	L	H	N	I	F	G	E	T
K	G	P	J	V	G	L	U	T	Z	E	G	E	G	B	Q	E	G	E
H	I	D	L	N	E	H	X	T	I	G	R	G	K	F	W	L	O	R
A	X	F	A	O	H	T	A	N	R	E	I	O	G	D	M	T	E	A
K	B	P	H	M	R	S	J	B	I	Z	Q	L	R	J	C	S	H	R
M	L	M	D	U	R	C	H	T	D	Y	U	Q	T	C	H	B	Z	M
A	Q	U	O	K	J	K	I	M	P	W	L	F	A	C	C	A	I	E
G	O	S	I	J	R	Z	Q	Q	I	X	E	A	A	T	Q	N	E	E
V	K	I	H	C	I	Y	M	Y	A	J	Y	G	P	U	Q	I	H	E
L	F	O	L	T	E	R	P	S	Y	C	H	O	P	A	T	H	T	I
Z	N	U	V	H	L	L	X	J	M	A	H	W	F	M	L	U	S	R
I	U	J	B	X	Q	H	I	N	R	I	C	H	T	U	N	G	M	F

HINRICHTUNG DURCH FOLTERPSYCHOPATH
HOELLENSCHLUND ZIEHT DICH HINAB
VON GEISTERARMEE UMZINGELT
VON WILDEN TIEREN GERISSEN
GEFRESSEN VON ZOMBIES
IM SUMPF VERSUNKEN

U	K	X	R	P	Q	R	S	B	V	E	R	B	L	U	T	E	N	W
I	V	S	V	W	K	A	A	T	J	H	C	R	U	D	X	T	L	D
A	F	S	G	H	U	N	U	S	P	A	X	G	E	H	L	S	E	A
K	O	O	Q	V	F	G	F	N	O	C	F	J	U	T	A	I	B	B
P	V	L	J	R	J	J	S	L	P	U	X	M	G	T	M	B	E	D
U	I	H	J	M	A	R	K	F	A	N	I	H	Z	X	E	O	N	N
R	G	C	X	N	J	T	I	H	W	E	X	N	N	Z	J	S	R	U
I	J	S	R	W	S	Z	W	A	R	D	P	A	H	A	C	M	S	F
S	Y	R	M	L	K	Z	U	T	F	N	Y	R	L	Q	H	I	K	G
P	A	O	A	Z	E	O	N	M	V	S	E	Q	N	C	D	O	E	U
Y	U	R	X	A	Y	D	O	Z	I	R	R	E	I	K	N	I	H	T
T	G	R	J	Y	S	T	E	R	B	E	N	D	Y	H	M	Q	G	U
P	C	O	K	N	V	Z	F	R	L	E	T	B	U	R	X	W	D	P
X	I	H	Q	T	P	N	R	E	J	K	F	Y	F	C	P	M	H	R
M	H	H	J	D	U	T	O	D	E	S	S	C	H	R	E	I	N	B
J	E	S	J	V	M	R	J	A	T	G	K	S	Q	K	I	C	A	W
R	Q	A	U	Q	T	H	M	D	I	B	G	J	D	F	T	X	C	J
D	G	B	M	D	J	T	A	J	E	K	D	F	Y	Q	K	F	H	T
U	E	K	E	E	N	Q	G	X	N	D	B	E	F	G	C	A	T	Q
R	L	A	Z	X	I	W	H	T	I	I	H	Y	M	W	E	W	F	I
C	L	D	I	W	U	D	N	K	E	S	V	K	H	O	W	T	E	L
H	T	I	N	W	V	B	K	A	W	F	O	D	K	N	R	R	S	U
R	T	G	I	T	S	G	N	E	A	E	G	T	O	D	E	Z	X	A
Y	Q	L	H	Y	B	Y	P	E	S	T	A	C	K	E	R	G	H	X

EXHUMIERT UND ZUM LEBEN ERWECKT

TODESSCHREI GELLT DURCH DIE NACHT

HORRORSCHLOSS LAEDT DICH EIN

STERBEND AUF DEM PESTACKER

BIS AUFS MARK GEAENGSTIGT

TOD DURCH VERBLUTEN

S O Z U X J F K N K L R V J Z F E Y D
L D K A N G S T A E Q Y N M L E A L N
Z P T Q T C G Z Y U S P D I X J T Z E
K O E P E R T E I L E O Q T Y C V X T
S P E I O W O T R D X S L M P D X F L
P U F X A W P V U Q J P O F O J P Y A
M N E B E I R T E G X R K L P N I Y T
U L T K C R L O S P D O W B M O O G S
J E T T E A T S T H C A L H C S K V E
F E V D V J K O D T O L A Z C Q U W G
V Q P U M Z I N G E L T V O G F U P R
Z G N U V Q T L V L C C C O T S V F E
Q I F W U W H N O N R N D K R T A N U
I F U A O L Z B M J X Z C O E C M R A
C Y H O R R O R B U R G M B G J P W H
B U F V I Q D B L U T I G E A D I J C
Z E L H A R T S T U L B D Y L K R M S
N M E U C H E L M O E R D E R Z T U C
B X R F B Y B R C X M Y B E W T R R B
Z U I D M W G B W A H N S I N N E U R
P I P L Y O T X K G B L B I C T F M I
X T E D I E W E G S U A H C L C F P N
X E Z F T W F Y H J B F E S U A E F A
F T Y I G B N Z C K A F U A X U N U P

BLUTIGE KOEPERTEILE AUF SCHLACHTSTAETTE
VOR ANGST IN DEN WAHNSINN GETRIEBEN
AUSGEWEIDET VOM MEUCHELMOERDER
VON SCHAUERGESTALTEN UMZINGELT
BLUTSTRAHL AUS KOPFLOSEN RUMPF
VAMPIRTREFFEN AUF HORRORBURG

K	D	E	R	G	A	M	H	N	N	P	U	U	N	I	P	L	J	N
Z	D	V	J	P	R	W	I	U	F	T	E	F	L	U	E	C	H	E
J	M	J	G	K	S	T	S	A	B	Q	B	P	G	H	A	A	U	I
R	L	B	F	Z	P	X	S	G	L	W	E	T	V	P	R	H	E	S
F	Z	Y	Z	E	E	L	L	E	O	H	R	W	Q	I	A	M	D	T
K	W	J	L	G	L	L	J	D	Z	K	A	U	O	I	T	G	N	E
F	O	F	K	N	A	B	T	H	C	A	L	H	C	S	L	Y	E	I
K	C	S	G	I	O	U	U	K	S	X	L	Q	D	L	A	A	G	K
X	J	U	E	M	G	Q	C	I	Q	B	F	J	W	X	T	U	N	J
M	T	L	A	N	W	D	C	T	O	L	E	I	B	S	U	F	I	V
G	E	D	T	Z	T	H	M	O	K	U	N	V	K	U	L	H	R	B
L	T	R	R	U	V	Z	Q	N	E	T	R	O	F	P	B	E	B	Y
E	T	R	U	S	E	R	X	R	H	T	T	W	V	L	Y	R	T	T
S	E	I	Q	P	G	K	X	R	G	R	R	V	R	Z	P	S	O	R
N	K	F	U	J	N	R	E	F	A	I	Y	H	U	O	P	C	T	Y
G	E	O	P	F	E	R	T	H	U	E	P	F	K	F	M	H	V	R
A	G	I	V	E	I	W	I	Q	E	F	A	X	X	F	D	L	S	R
B	N	T	C	Y	D	N	Q	Y	B	E	F	J	A	E	M	E	L	E
M	A	U	V	R	T	E	P	I	H	N	B	B	X	N	Y	I	Q	V
F	T	B	E	E	Z	N	R	M	E	D	C	T	T	F	N	F	R	M
X	R	M	R	J	J	N	O	S	T	E	H	E	N	T	Y	E	X	H
Y	K	N	O	C	H	E	N	H	U	E	G	E	L	F	H	N	V	J
T	U	T	J	Z	M	Z	T	J	K	A	U	F	W	D	R	D	P	O
Y	C	H	V	N	X	X	G	P	Q	K	W	I	P	D	B	O	G	Q

BLUTTRIEFENDE AXT HINTER SICH HERSCHLEIFEND

ANGEKETTET AUF DER SCHLACHTBANK

PFORTEN DER HOELLE STEHEN OFFEN

KNOCHENHUEGEL UEBERALL

GEOPFERT AUF BLUTALTAR

TOTBRINGENDE FLUECHE

C	W	C	J	A	P	T	F	J	L	S	R	Y	E	D	V	S	W	F
T	C	S	S	C	H	W	A	R	Z	E	R	K	T	O	A	C	U	V
Z	H	H	R	R	P	T	Z	O	R	Q	R	R	N	Q	E	H	G	A
F	S	C	H	L	A	F	Z	I	M	M	E	R	D	X	G	L	N	M
E	M	I	T	T	E	M	B	H	Q	G	C	T	H	K	N	A	U	P
R	L	D	W	N	C	P	I	S	H	N	D	E	T	A	N	E	N	I
V	I	R	M	E	X	M	Q	G	Q	H	Z	Y	M	X	X	C	I	R
X	U	E	P	G	X	O	M	O	V	I	V	E	I	M	C	H	E	M
R	A	C	L	A	I	S	N	N	I	S	N	H	A	W	I	T	H	A
F	T	U	W	L	H	N	B	R	C	Q	S	C	Q	Y	N	E	C	L
V	C	N	P	H	I	U	I	A	V	E	A	R	R	J	B	R	S	E
G	G	E	X	C	C	T	U	E	A	V	F	D	F	A	E	X	R	N
G	R	U	K	S	T	F	S	W	T	N	C	U	Q	B	I	L	E	N
Q	G	F	K	R	U	Z	F	N	B	S	X	R	U	W	E	W	R	U
E	Q	B	J	E	H	V	Z	W	E	N	B	E	J	I	N	N	E	T
U	U	S	K	N	N	H	N	I	X	T	B	A	C	L	P	L	T	L
Y	Y	M	I	O	E	P	G	Z	M	E	O	H	R	I	T	Y	S	X
Q	N	Z	T	H	X	M	J	I	R	M	E	T	Z	G	S	I	I	Z
I	M	G	X	A	E	I	W	S	E	N	N	N	O	A	D	M	E	Q
W	W	N	K	W	H	H	A	N	B	E	T	U	Z	O	Y	F	G	X
Z	G	A	X	X	X	E	I	E	L	U	Q	E	O	L	K	P	M	Y
U	N	R	L	R	H	E	R	X	R	G	P	C	V	G	V	M	H	X
W	T	Q	G	T	D	G	E	Z	E	V	S	L	D	E	S	P	P	F
D	B	V	R	P	X	M	E	X	U	D	P	U	S	O	U	T	C	G

GEISTERERSCHEINUNG IM SCHLAFZIMMER

SCHWARZER HEXENHUT DES WAHNSINNS

TOTENSTILLE AUF LEICHENBERG

ERSCHLAGEN VOM SCHLAECHTER

GRABSTEIN MIT DEINEM NAMEN

VON VAMPIRMALEN UEBERSAEHT

N	G	D	X	O	X	E	Q	Z	V	N	W	M	P	H	R	Z	V	D
E	X	D	W	P	D	I	X	D	R	A	X	V	H	V	Q	C	H	M
S	M	F	Q	H	Z	O	G	F	D	B	H	N	P	U	R	A	S	N
E	C	N	X	E	E	Z	U	E	I	B	E	I	M	F	A	A	F	E
W	H	E	O	T	R	I	J	I	W	M	J	Q	S	R	O	M	O	G
N	K	R	T	Y	W	J	T	Q	W	J	K	J	C	O	I	D	Z	N
E	F	S	O	Z	U	H	A	K	C	T	Z	V	H	X	E	V	M	A
T	L	G	D	W	E	T	M	M	M	Q	K	A	A	C	F	N	K	F
T	E	A	E	H	R	C	A	I	M	S	X	V	U	C	X	S	C	R
A	D	H	S	C	G	D	P	X	Q	M	N	I	D	S	C	T	I	E
H	E	R	T	R	T	V	X	O	P	U	R	A	E	K	J	Q	L	V
C	R	O	E	U	G	S	A	O	Z	A	U	A	R	O	Y	B	B	Q
S	M	T	R	D	V	F	A	L	L	F	U	X	T	Z	A	L	R	M
K	A	K	M	Z	G	I	C	S	G	G	K	U	A	J	E	C	O	Z
K	U	O	I	V	J	O	B	E	E	L	N	X	T	B	I	Y	R	E
Z	S	D	N	O	K	U	S	N	T	U	G	A	E	J	H	N	R	T
P	B	T	R	M	D	C	Y	E	J	M	R	N	K	U	H	I	O	O
W	O	S	M	U	H	D	T	M	X	O	N	R	T	W	H	J	H	T
L	S	E	H	L	P	U	Q	P	Q	E	C	B	H	P	H	W	Q	X
H	G	P	I	W	L	Z	D	D	G	S	V	P	B	I	B	K	B	K
S	P	T	D	B	M	T	I	R	N	K	I	D	C	F	G	N	T	X
T	Z	H	R	M	A	M	O	W	K	J	N	P	T	J	M	S	R	J
T	T	E	A	C	I	M	I	I	H	O	C	G	H	X	A	N	I	J
A	V	Y	M	K	M	Q	Z	L	N	F	K	Z	D	A	W	R	H	F

DURCH SCHATTENWESEN ERWUERGT
FLEDERMAUS IM HAAR VERFANGEN
SCHAUDERTAT IM MORGENNEBEL
TODESTERMIN BEIM PESTDOKTOR
HORRORBLICK IN TOTE AUGEN
AUFGESCHLITZT VERBLUTET

N Z N L O N T R G E S T A L T E N D T
E Z E G O E E H C I E L Q M K O I M O
K W U X E P E S T O P F E R S C T P W
A G Z T G B Z R Z M L Y V L H Y L P L
H J Z L A Y L N X C M O P G O P I S A
R I R O I D U E X S I X L Z D I E S M
E H G R J N F L N F H E Y P Q C T T K
H Y J G C E G L G D K W H C W U R D H
C O K Q O G K A E F E X C N A A E R A
S M Z F R N J F Q Q Y T U P G S I E U
I G O S O E X R A K H M A F D E V F F
E N J U T A J E S L M P H B U A E U G
L F O V N H X B Z G F A S S E B G W E
F O K N E F K E R E Q B E R I M N L S
U S U E L J V U G E W H D T F R H X T
Z V D G L Y E D N E G G O X A O E O O
S T Y I E O U W E C C U T Y N I T D S
L M E R O S G R U S E G A E Z Z D B S
N C I U H O N E X S K G U S M S R P E
L Z S A Q T J D M J R I X Y T U E Z N
R N R H W A S Q N P H E G G Z U X V E
K F N C K U E O E U I B K W N T L S S
C T G S H R O B M Z I X N W V I N B C
C N E U W L F S G R U B T K L S A D F

LEICHE AM FLEISCHERHAKEN HAENGEND
BURG DER SCHAURIGEN GESTALTEN
BLUTSAUGER UEBERFALLEN DICH
TODESHAUCH DES PESTOPFERS
AUFGESTOSSENES HOELLENTOR
GEBLENDET UND GEVIERTEILT

V	K	A	E	X	P	X	S	X	O	U	S	E	P	K	R	A	S	Q
J	A	K	S	R	D	S	L	B	S	R	W	G	S	H	Y	P	J	J
X	X	J	C	F	D	F	M	H	G	R	X	Z	A	I	N	D	E	N
O	Y	Q	E	O	U	F	L	C	K	S	G	L	T	S	M	O	V	G
Y	L	X	B	A	P	R	Q	M	L	N	L	O	R	F	U	E	R	P
X	B	L	L	Z	P	K	N	N	I	T	A	S	D	B	N	G	O	Z
P	W	F	E	C	V	O	M	E	I	T	L	R	C	N	J	K	E	R
K	E	M	O	R	N	L	Y	R	H	E	T	A	T	M	I	R	W	N
E	C	C	W	E	E	Q	D	R	R	C	G	E	E	T	S	B	E	H
U	Q	E	E	K	T	S	I	I	N	P	Z	N	R	T	F	S	O	J
U	I	B	G	C	R	E	L	Q	L	Q	S	U	U	N	S	I	P	K
S	C	Y	N	A	E	E	T	K	D	C	I	E	E	O	A	N	G	N
Z	J	W	E	T	I	D	J	L	H	K	C	Y	L	A	I	C	D	R
Z	X	X	H	U	L	R	B	E	A	K	Q	H	Z	U	K	U	H	H
A	W	Z	C	L	O	A	N	B	E	T	C	L	N	E	R	R	P	T
P	T	Q	I	B	P	K	E	L	O	S	S	F	F	C	T	L	J	U
U	Z	A	E	H	N	J	T	B	E	N	P	N	H	W	O	A	P	Q
X	R	I	L	O	Q	I	A	G	Y	O	L	U	U	V	T	M	W	S
A	A	S	C	R	C	S	N	H	M	A	D	K	I	R	E	M	M	Q
U	G	H	M	U	K	I	E	M	Q	F	B	R	N	A	E	M	X	R
U	E	D	N	M	E	F	N	I	M	C	W	N	E	A	C	V	A	Y
N	R	F	E	F	V	F	O	K	T	Q	H	M	K	F	L	N	C	L
G	N	N	U	H	H	B	C	C	R	K	U	S	K	Q	P	B	O	R
Y	P	Z	E	D	N	F	W	X	R	X	P	B	Y	Y	B	O	G	B

KAEUZCHENRUF HALLT UM MITTERNACHT
EINGESCHLOSSEN IM LEICHENGEWOELBE
BLANK POLIERTE MENSCHENKNOCHEN
NEUE OPFER FUER DEN BLUTACKER
VERUNSTALTET DURCH GIFTTRANK
ZERSTUECKELT VOM IRREN ARZT

B E S B R I N G T F E H C I L D E O T
F T R U E B E R A L L M V T A D I C H
B L U T B E S C H M I E R T E B O S E
S K M H O E L L E N G E S I N D E L S
P A H J L T Q O N X K I W I O L F T K
I M B B M J P Z G U G Z T E H I L I P
N W C T G F X E Z R A W H C S Z X S F
N D I I X K T F W I P G E V U A V Y E
E O S W V Y E G V A R G E J T D G B R
N T N V O I I J S Y E F B X H L F G P
N K H N T K C I L B R E A V X A V J G
E V A M P I R Z A E H N E F O P T Q T
T E T H C A L H C S E G N I H N O L R
Z T P H E S P O W P V O F F A Y E U F
E V O M I A T V T E E C Z G W D T W W
V C P I X V K R X X L W E G U O Y H Z
T Q E E N Q P C U U D H N S H L G F C
N T U U L Y W F C R O D E Q L X S L E
E I K G J J P G P B A B T K D N X L O
F M I T U L B U E A T I O M Q E K H E
K H Y F G J A N P U P R T P G S M C P
P B C G J D E C L P U L N T M N F Q L
D A P K P R B B U J H Z U I V E J V L
H N M C M P Z E G J K A T Z E D M W O

10

HOELLENGESINDEL HAT DICH ERBLICKT
TOEDLICHE SPINNENNETZE UEBERALL
BLUTBESUDELT MIT GEHOBENER AXT
SCHWARZE KATZE BRINGT DEN TOD
BLUTBESCHMIERTE VAMPIRZAEHNE
HINGESCHLACHTET VON UNTOTEN

H H G C N V T R E Z G Y C F B Z P D C
N F U V U L T N X J T S I Y S S Y K R
X U Q I N F E B D I L C I L U N R D X
D E Y W Y D L I P M J H W L F E P S I
Z P R U J H R I F D J L I Y I I U M Y
G E S C H A E N D E T A X S E T D N I
G R R F K M K W C R M E T L H G E E S
M E F Z H H T R Y U O G M E L N H T D
C B T R Q H I U P S N T V B K D C T J
R E V L T I W T S L S N Z E L P U I K
S U X E E R I Q S R T U D N R G A N T
T B U G O T Q Y E L E O H S N R H H V
V C Q O I Q N E I K R S L G E Q T C D
L Z X V L X K Y L L Y G Z R S N F S X
X J E N R L I D R V S V G U S E U E R
B A L E G R U G E V C P D S E G R G E
B O L H P I N Y V O U I H S G E G H T
H H E C G O B H G M R F P M R G T C Z
L I J I A W Q B R Y F W G U E T L R T
H G D E Q R O X U B U I O Q V N L U E
Y E J L T N N F B I S H L S W E L D L
S M H Z R K S T Y Y W V Y Z A W W U U
T Z M D U G B N E T S U H T U L B T F
C B Y N U C W Y A J E O J I T Q I F O

11

BLUTHUSTEN IST LETZTER LEBENSGRUSS
GRUFTHAUCH SCHLAEGT DIR ENTGEGEN
LEICHENVOGEL KREIST UEBER DIR
VERGESSEN IM BURGVERLIESS
GURGEL DURCHGESCHNITTEN
GESCHAENDET VOM MONSTER

I L Y I S E Z A E F Q K T H K O O L Q
T H C I N K S R I D G C N E M Y C A B
Q E R W E C K T H V V I F T Q D U E N
I M S E J R X K P H E L E R W N V S O
G A C M A E P X X L R B N H D I K S P
V A H P M K U U W E J N U H K W T T B
E H A G M C P O Q Q P A S C J N H U O
R F U J E A N T C L M U L U E E C F L
B K R F R N E Y M T Y N S R Q L E L Y
R W I W N E F S L S T C D B H L U B H
E V G P G T L S S N C V W S C E Z A I
N H E F H O E H C R U D A U U O E I C
N W R W O T H F W Z N K O A Q H G E S
T A D N E K N W K K O E J T L P N G Y
E V Y P L Q E Z Y M Y Z H S V G E X A
M A F I L V R L W D K W Z E T W N W G
C F G F E M R J N D N U L P L L O S L
T C V D N S A H X A M E M J P F M C E
I K I P H E T X D L P L B U T Z E W X
E C L U I I S D Q I J P E E A Q A O U
H O W U T B R D Y O B B D T L N D L K
G M H W Z M E Q S U E P K O K D Z X U
D Q L V E O J U X R F F T E M B U X Q
Z S K R J Z I M F J K V N O Z V L F X

12

DAEMONENGEZUECHT ZUM LEBEN ERWECKT
JAMMERN UND FLEHEN HELFEN DIR NICHT
SCHAURIGER ANBLICK LAESST ERSTARREN
ZOMBIES WANKEN UEBER TOTENACKER
PESTAUSBRUCH DURCH HOELLENWIND
HOELLENHITZE VERBRENNT DICH

N L W C K V N U U X F B S T F D O L M
N U Z Z N Q E Q L Q A C M P Z V B A M
V J O J M L T G F M R L F V X Y A Y E
O D E V T M B B I K U E N D I G T H X
G B R L N E D S P R I V F L D Q C P V
E H G U W W T V A I U P K H Q I C E R
D T R L T O T P M Q F A U I E C R A S
N Y U A S B R T G I E Z H L X B D Q P
U D H S B V E R B Q Q V I C R R T D K
T B E R O E D B Q A B L Q A S D S T N
S N L E Z B N K T D Z L N V I F T E O
R G O V M G Q G B H R N V R M C F N S
E I S O N F R Q E U T E S U Z O Z H Q
T D E H E T U L I K R S V L E M N E Y
S N N S G G V A P M R U Y R A D E A Z
I E E P L C O S O Q W A R I W H R Z Q
E B N C O D S D N T Q Q E C U G U R W
G E I R F Q E U A Y O Y E C N I G I K
S L E Z C R E B P W P Z L N H N I P H
O E D F T F Q A Y K E O Q L E Z F M Y
D K E E Q Q D B I D M B W Q I M E A J
I T A L Z X D L T Y E B L Q L J D V I
C O A I E F G W Y M S L S C R E F Z R
H Y R D Y N S S M I N K V B L N O T Y

13

VAMPIRZAEHNE STOSSEN IN DEINEN HALS
GEISTERSTUNDE DER RUHELOSEN SEELEN
VERMODERTE LEICHE ZEIGT AUF DICH
RABENGEKRAECHZE KUENDIGT UNHEIL
SCHAURIGE FIGUREN FOLGEN DIR
LEBENDIG IM OFEN VERBRANNT

E	R	X	O	W	C	S	N	B	A	D	E	J	W	A	P	T	O	P
S	R	B	E	S	T	I	E	N	P	Y	M	Y	N	V	V	G	C	B
F	G	K	J	X	R	I	F	M	Z	S	J	E	O	E	P	R	F	K
M	Z	X	W	E	C	B	J	F	Y	L	U	R	G	C	Q	E	I	C
J	W	G	P	U	Z	E	L	O	T	B	A	E	A	X	J	U	L	N
G	T	W	J	T	S	M	O	U	V	Q	S	L	Q	C	Z	E	T	A
Z	F	T	T	K	R	U	U	W	T	S	A	A	W	Q	D	L	H	M
K	W	T	Q	S	E	L	U	T	E	Q	U	E	U	P	E	M	C	X
J	J	Z	T	F	G	B	L	N	K	N	L	N	A	M	A	A	U	L
O	A	R	U	R	I	R	E	N	D	N	L	K	T	Z	T	H	L	A
Q	J	E	T	L	L	O	I	F	W	A	E	D	F	B	C	L	H	U
R	N	U	E	X	E	R	C	H	H	I	P	B	W	F	C	Z	C	E
Q	L	T	I	X	S	R	H	A	L	N	C	R	E	L	O	E	S	R
A	K	S	O	F	U	O	E	D	A	S	C	G	F	L	V	I	P	T
L	M	E	X	T	R	H	N	Y	T	B	W	I	H	L	J	T	F	F
H	U	G	V	R	G	I	F	T	B	V	R	G	B	K	Y	H	U	T
R	F	L	U	E	U	I	E	S	J	P	D	Z	M	V	N	C	A	I
M	T	F	R	T	B	Y	L	D	Y	K	Q	A	E	E	S	U	H	O
V	H	I	C	T	R	O	D	W	T	W	N	Z	R	R	L	S	X	Q
O	C	Z	D	E	V	C	I	C	N	I	G	G	Y	P	R	E	H	O
W	R	V	F	U	N	T	K	R	K	M	M	V	G	M	V	B	D	V
P	W	C	C	F	X	D	E	M	P	D	N	N	U	S	N	K	Y	X
E	C	N	A	E	S	D	A	M	H	Q	G	A	R	U	E	N	I	G
A	D	R	U	G	H	O	E	L	L	E	N	A	N	G	S	T	M	Y

VOR HOELLENANGST IN SCHLUCHT GESTUERZT

HORRORBLUME MIT BLUT GEFUETTERT

AUF DEM LEICHENFELD VEGESSEN

GRUSELIGER BESUCH BEI SEANCE

DAS GARUEN LAUERT IM NEBEL

GREUELMAHLZEIT DER BESTIEN

Q C K T G T T F F E I D B C X M I J S
H F U B F Y E P F V O D S Z E V K N I
U E X Y M P Q U T B B N R D J H P G N
S E T L E H C U E M E G U N J Y E W L
J A W G K T A L Z T C R A E O H Z N U
E C G F R J M U E U H O A K X V U W E
T T V T H M X B I X B M P T J A Y K A
S F Q B F I S U W D M O T F Q M S Z F
H S E G A I X D M B N R F H A P A J D
H U R D R Q G W Y X R D L O D I T P U
B M I P F R D J Y E L N U D S R Y J G
K Z P V R P E N I J S A E X C E Q R E
S I Y I W U H A O Y T C S K H N A U E
Z N L M W U C R X V O H T W R B A D J
D G Y A Q E R N D O T T E U E J N V M
I E V A K B U P A K E W R L C E C R P
F L W X Q E D M P I N N S E K K J X E
X T R X O R V S I F B Y T N H H L B T
L F Q A G A Q O G H L L I H Q M S N S
M Y C H N L Y H U B E V M O B M J U Q
C H O Z X L V J A M I I M W K S K J A
A T C I E X X Y K P C X E V M S T T B
V I O H N T O R H D H F F O Z N R B Q
N P J R U A T S A G X X F R P F N P M

15

DURCH GIFTGAS GEMEUCHELT
TOTENBLEICH VOR SCHRECK
FLUESTERSTIMME AUS GRAB
VON VAMPIREN UMZINGELT
MORDNACHT OHNE ENDE
FAEULNIS UEBERALL

N	Y	H	W	N	L	I	D	B	J	U	R	N	R	K	O	N	M	I
E	O	C	T	H	E	G	C	N	G	V	B	K	D	Q	P	E	F	T
F	B	F	M	O	U	N	V	L	G	T	Q	E	J	W	D	C	E	Z
U	W	Y	K	S	Q	Z	D	P	P	R	J	L	I	G	Z	N	X	W
A	I	I	B	L	S	E	N	S	E	N	M	A	N	N	E	W	A	W
H	N	E	Q	L	Y	E	F	G	E	M	S	L	D	P	F	N	B	U
R	H	N	U	N	P	S	J	U	I	K	A	X	Q	M	W	Z	M	H
E	D	T	F	O	L	Y	U	E	E	D	N	O	M	L	L	O	V	R
T	C	F	N	K	A	I	F	L	B	G	T	D	O	T	S	B	G	J
I	N	E	P	H	T	X	E	F	S	N	E	H	C	U	S	N	R	B
E	C	S	L	L	L	T	A	K	O	D	S	G	J	C	N	E	B	L
H	G	S	D	W	T	P	E	W	J	A	S	X	Q	X	E	F	I	U
C	T	E	R	E	R	I	P	V	E	R	S	C	H	L	E	P	P	T
S	B	L	X	Z	L	G	R	S	F	K	T	O	A	U	O	W	K	B
W	T	N	E	F	U	R	E	W	J	O	K	H	C	J	Y	H	W	A
N	R	S	D	G	N	W	U	T	Y	M	Y	Z	C	T	L	G	A	D
O	G	D	C	T	T	F	K	L	O	M	X	I	M	A	X	H	N	E
E	E	N	B	U	Z	V	M	H	N	T	S	H	J	V	N	X	D	I
R	R	V	Y	O	J	E	A	E	D	P	N	M	Y	H	I	U	E	X
Z	F	I	R	E	X	A	U	F	U	N	Y	U	R	E	D	Q	L	C
I	J	J	O	R	L	F	W	V	E	R	W	A	N	D	L	U	N	G
O	C	Q	J	G	F	Y	S	D	F	R	T	Z	A	X	X	R	D	H
Y	G	D	U	D	F	Z	O	T	M	G	C	U	Y	L	V	B	E	D
H	Z	D	A	T	X	R	C	R	S	H	C	I	D	I	E	L	J	K

16

WANDELNDE SKELETTE SUCHEN DICH
TOD AUF DEM SCHEITERHAUFEN
UNTOTE ENTFESSELN BLUTBAD
VERSCHLEPPT IN DER NACHT
VERWANDLUNG BEI VOLLMOND
DER SENSENMANN KOMMT

V	N	X	I	O	D	F	B	W	G	E	Z	I	U	V	O	O	U	I
P	E	T	U	N	N	A	E	G	U	A	U	F	N	C	M	J	D	S
Y	F	Q	Z	A	X	Y	B	R	U	N	Z	W	G	W	O	T	S	K
Y	P	I	A	E	K	D	A	K	T	D	A	U	Z	P	O	N	X	N
E	O	J	C	P	I	T	G	R	E	U	W	R	E	T	I	D	B	W
G	R	H	Y	T	F	D	G	W	Z	B	P	A	E	F	Z	D	Y	D
N	T	J	Z	X	P	Z	E	E	V	R	F	N	L	V	K	B	B	J
A	S	V	Q	P	K	U	E	I	K	G	K	I	V	N	P	W	D	U
L	T	S	H	U	V	U	P	K	E	O	E	K	C	E	K	S	A	R
H	U	J	U	E	C	T	B	D	E	G	E	D	L	T	Z	H	A	M
C	L	N	Q	B	H	N	D	P	E	C	K	P	V	O	M	T	G	F
S	B	V	E	B	F	E	F	N	R	L	O	H	F	R	A	A	K	U
R	M	Q	P	L	R	E	D	L	R	K	F	I	X	T	S	M	I	X
O	O	N	G	H	A	E	V	N	U	V	E	R	F	O	L	G	E	N
R	V	M	T	K	B	U	T	G	P	M	Z	T	D	L	S	E	A	B
R	N	I	Y	R	A	N	Q	R	E	K	N	E	H	P	C	Z	O	V
O	K	W	U	R	O	V	X	N	Z	G	B	S	R	S	W	H	O	P
H	T	R	E	T	I	E	T	S	E	P	U	I	J	N	F	N	D	G
N	H	J	Z	V	K	U	E	T	S	L	T	H	O	R	R	R	E	O
F	O	L	T	E	R	U	N	G	L	Z	L	V	E	N	S	O	C	L
Z	U	K	F	K	V	G	D	T	T	W	J	E	Q	Q	D	F	K	V
P	U	E	H	S	I	X	U	W	U	Q	U	U	O	M	L	K	E	T
Z	L	V	H	G	O	C	Q	W	H	P	D	I	C	H	G	F	X	W
J	I	Z	A	P	D	U	R	C	H	T	G	H	Y	Y	W	P	O	O

17

FLIEGENDE TOTENKOEPFE VERFOLGEN DICH
HOELLENQUALEN DURCH FOLTERUNG
ERWUERGT VON HORRORSCHLANGE
BLUTSTROPFEN VON DER DECKE
PESTEITER SPRITZT INS AUGE
GEKOEPFT VOM ROTEN HENKER

G	A	N	J	G	A	Y	R	G	J	E	Z	X	L	W	I	W	K	A
W	P	I	X	H	L	I	M	U	D	A	G	N	W	I	R	D	G	D
N	C	J	J	A	G	F	Y	O	X	S	N	A	G	W	Y	E	I	U
M	F	E	E	U	Z	W	O	U	H	H	H	U	J	L	I	V	U	R
Y	S	Z	G	S	G	N	S	M	V	B	T	N	X	S	O	Z	D	C
I	D	A	E	M	E	Y	Y	T	D	W	J	O	T	R	F	M	A	H
N	M	G	C	T	U	W	J	C	H	V	N	E	F	R	I	O	R	K
X	W	X	O	B	S	F	X	V	O	E	R	A	I	A	G	B	X	A
K	Q	T	Z	N	P	F	E	T	N	T	A	E	O	M	K	M	Z	S
J	A	L	J	P	N	Q	U	I	A	C	D	S	Q	C	E	J	T	W
G	V	F	J	E	U	H	J	N	J	H	G	U	R	I	B	E	P	R
N	O	U	X	S	H	U	Z	Y	O	V	V	X	G	E	R	Z	Q	F
U	G	X	R	T	G	I	A	F	D	L	Y	E	C	B	B	E	X	D
H	E	M	K	B	G	R	Z	J	W	E	N	G	E	D	R	E	R	R
C	L	R	N	E	M	W	Q	C	N	E	I	N	M	T	G	I	U	W
U	S	S	S	U	Z	I	U	I	N	V	S	N	R	K	T	S	L	W
S	C	M	E	L	Y	Q	T	T	U	A	V	A	E	R	H	J	X	P
M	H	T	T	E	R	V	U	U	N	O	E	V	E	M	A	N	I	K
I	E	U	C	N	D	G	X	G	X	N	W	P	V	M	K	J	H	Z
E	U	L	R	H	D	L	S	E	K	T	D	R	E	F	J	Y	L	B
H	C	B	Z	K	L	T	J	T	L	B	L	W	S	M	Q	A	C	N
K	H	C	Q	K	S	N	D	Z	G	H	E	P	G	K	P	K	H	D
X	E	P	J	P	K	E	V	M	A	J	L	E	B	E	N	D	E	N
N	G	X	N	P	R	L	E	B	E	N	D	I	G	U	X	L	R	K

STERBENSANGST DURCH HEIMSUCHUNG

VOGELSCHEUCHE WIRD LEBENDIG

GEISTERTANZ VOR DEINEM HAUS

FRIEDHOF DER LEBENDEN TOTEN

UEBERSAEHT MIT PESTBEULEN

ERTRAENKT IM EIGENEN BLUT

L	X	X	O	A	H	P	Y	B	E	D	M	R	I	E	L	L	W	Z
J	Q	K	A	N	R	E	D	A	S	L	U	P	X	X	I		S	O
Z	J	U	Z	L	P	Z	D	G	M	U	T	F	A	P	E	R	V	B
C	F	Z	N	J	J	V	T	D	S	N	O	R	Z	K	G	E	L	T
Z	V	N	G	E	H	A	E	U	T	E	T	S	O	N	E	H	E	Q
O	N	E	T	O	D	E	S	M	E	T	Z	G	E	R	N	C	I	E
M	W	G	J	A	I	C	K	J	I	L	H	I	V	S	D	I	C	A
B	V	N	I	J	M	Q	C	D	P	K	M	I	H	N	H	L	H	U
I	J	A	Z	G	D	E	M	R	M	E	I	V	M	X	P	G	E	F
E	D	F	U	F	N	A	M	Q	G	O	Q	F	O	J	E	E	N	G
K	S	E	F	L	E	B	E	N	D	I	G	E	N	M	S	A	G	E
A	O	G	V	U	B	H	H	C	S	X	P	B	V	M	T	R	E	S
T	F	K	H	K	X	F	F	P	O	E	D	C	U	R	K	T	S	C
Z	S	H	G	O	S	I	N	D	C	G	L	M	D	A	A	R	T	H
E	E	A	S	L	U	T	L	J	J	Z	S	P	D	N	R	E	A	N
N	W	M	L	D	P	D	W	F	C	I	D	U	E	L	R	N	N	I
V	D	P	N	Y	E	N	H	N	H	R	S	N	M	M	E	U	K	T
U	N	B	J	G	D	X	E	X	X	Y	I	B	L	P	N	T	V	T
T	C	K	I	M	U	Z	F	C	D	E	T	F	E	J	C	Q	T	E
Z	F	Y	U	E	U	Q	Q	Q	D	Y	L	Z	E	I	W	N	B	N
Y	M	F	G	E	L	P	D	U	V	N	X	A	X	E	C	X	K	X
E	E	Q	R	O	C	D	T	K	V	C	J	T	G	R	H	B	Q	L
F	K	K	Q	V	B	I	A	K	O	F	Q	B	J	R	U	Z	N	K
N	S	F	L	I	F	Y	O	U	C	F	D	I	C	R	A	J	V	Y

ZOMBIEKATZEN KREUZEN DEINEN WEG
UNERTRAEGLICHER LEICHENGESTANK
BEI LEBENDIGEN LEIB GEHAEUTET
GEFANGEN VOM TODESMETZGER
LIEGEND AUF DEM PESTKARREN
PULSADERN AUFGESCHNITTEN

T	N	X	V	W	J	X	T	D	D	V	O	A	A	F	T	Z	W	S
R	E	U	U	U	E	S	E	A	O	P	L	U	J	V	D	E	Z	H
U	D	M	T	M	V	A	Q	E	S	F	W	G	W	Q	D	R	I	Z
C	N	O	N	P	V	X	L	M	L	A	R	Q	X	W	Y	F	J	P
W	U	V	E	I	T	T	A	O	P	T	E	Z	O	Q	W	E	F	U
C	H	Y	S	F	F	J	W	N	K	U	F	U	H	A	X	T	J	B
X	N	S	S	Q	G	Y	O	E	H	T	R	V	R	A	D	Z	Z	T
J	E	D	O	X	U	A	H	N	I	J	M	M	X	E	I	T	S	O
F	L	G	T	E	B	C	V	F	L	V	F	H	C	I	B	W	K	T
T	L	M	S	Q	K	B	B	U	Q	D	V	D	D	L	W	A	U	S
W	E	Z	E	S	I	N	S	E	O	U	P	B	M	W	X	A	D	C
O	O	I	G	Y	B	V	W	R	A	P	W	F	E	V	O	R	J	H
J	H	Q	N	B	K	A	Y	S	Y	O	S	R	V	D	T	M	N	L
U	V	U	E	B	U	E	Q	T	Y	N	W	C	X	W	W	F	E	A
P	I	U	V	E	G	K	N	O	K	O	F	J	E	A	Z	A	S	E
E	B	T	V	Z	K	F	T	O	L	T	V	A	U	Z	V	L	S	G
Q	F	G	G	F	N	G	Q	F	R	M	T	J	E	R	T	G	I	E
T	L	A	E	B	U	O	V	Y	K	K	M	C	P	S	H	L	B	R
K	R	J	Z	V	N	E	U	A	R	G	T	X	Z	E	S	W	E	P
X	S	E	R	X	Z	J	N	L	X	C	T	F	R	C	P	I	G	B
P	M	G	V	F	D	H	B	D	J	X	G	A	I	A	X	Z	E	L
T	Z	O	H	W	J	V	E	F	I	G	A	I	N	G	T	G	E	W
U	M	R	D	F	O	V	C	G	U	H	N	J	M	O	V	B	D	X
W	R	O	T	N	I	S	A	X	M	D	O	V	L	X	B	X	B	S

GIFTKRONE VOM DAEMONENFUERST
VON HOELLENHUNDEN ZERFETZT
GEJAGT VOM TOTSCHLAEGER
WEISSE HAARE VOR GRAUEN
INS SAEUREBAD GESTOSSEN
GEBISSEN VOM WERWOLF

L L N Z C Q J L J D I Y N A B L R E M
M C T S W V S U F M D W E C A J O U J
T A P M A W E I S T M T N W P Q M J O
R F M Q U D R K U X O Y I S G I Q T X
D U B O E S E N G T O S E U E W V N Z
P G I U G C O B E A M D B Y S D C E T
K R Z K P S N N X S C I E E D O M R Y
T A F Y Q E R Z F V D U G J W T Z H Y
M B O R D D U L X H G C J B U E O A B
O E B G M S L U H C Y R O R G S G E I
D S D R A N S Y K H J K M E F K C N V
N M A F A W X E O R P E D N W Y I G E
I O Z A D F S U A Q T N A I Y D D E R
Q D H Q J K Y E G T L U T Q C X S N W
O E O K W Q Q J E E S D Y X C E S W E
L R Y U C X O K D J A D A Y D G L I S
N G Y Q C H S N K R B V I X S R W T U
K N P U R L A I G E B Y J H F H L R N
Q G L V A W G A H D F G Y C U Z E T G
R Q W H L X I B P C U J O I K B E O S
C I V N C Q F S M L R F N E W U N V L
R Y I V O O P H M E Y U K R F E C K U
F N U L H C U R E G R E D O M C J G F
H W H A P H P E W O H M D E Z C B A T

21

VERWESUNGSLUFT AUS REICH DER TOTEN
GRABESMODER WEIST DEN WEG
MODERGERUCH DES BOESEN
HALSKETTE AUS GEBEINEN
TOD DURCH ERHAENGEN
WANDELNDE MUMIE

L	U	G	B	W	P	P	S	U	C	K	Y	O	G	N	I	T	O	K
M	Z	R	V	G	R	U	F	T	Y	C	F	U	X	Z	X	H	B	O
H	S	W	O	P	Y	V	N	K	A	U	P	O	U	Z	O	R	V	G
D	R	E	F	P	E	I	B	M	O	Z	L	V	F	E	I	T	E	D
E	R	S	C	H	L	A	G	E	N	F	J	P	L	M	P	M	R	H
W	X	D	Z	A	U	Z	U	O	N	X	A	L	R	J	H	Q	S	V
A	X	S	T	F	T	V	V	V	M	X	E	U	L	T	I	M	C	P
E	D	Q	W	D	O	Y	X	E	Z	N	X	D	X	P	O	X	H	T
L	T	N	V	N	G	F	X	K	R	F	W	W	J	N	M	Y	A	B
V	G	K	Z	E	Z	O	E	I	E	D	P	G	D	N	R	R	R	M
S	X	W	C	C	F	E	T	M	S	U	E	L	I	K	V	R	R	O
Z	R	X	Z	E	Q	T	K	V	G	J	I	R	J	Y	E	K	T	N
U	S	B	N	D	D	T	S	E	K	C	Y	Z	V	T	D	N	E	S
A	A	Z	X	U	P	E	Q	I	H	Y	E	J	S	E	Z	W	T	T
Q	T	T	M	V	E	U	B	T	N	T	J	N	E	S	A	Q	C	E
S	L	H	L	A	A	Z	L	T	U	D	E	Q	Y	C	H	W	F	R
X	M	O	V	E	J	X	T	M	U	P	C	Y	T	D	S	R	F	N
Q	Y	D	L	T	Z	N	M	A	S	L	K	D	O	Z	A	C	X	Y
L	Y	T	R	F	K	Z	D	E	R	M	B	K	D	C	R	S	E	R
I	L	O	T	P	E	T	G	Y	T	F	H	E	R	T	X	D	P	N
S	I	V	Y	J	W	L	N	J	O	P	K	Q	F	F	B	A	A	V
M	L	N	W	X	L	D	S	E	K	A	W	O	E	F	Z	Y	P	X
E	Z	K	K	D	G	Y	U	Q	W	V	E	C	C	E	R	K	L	U
J	Y	Q	V	D	J	A	S	Y	G	G	K	N	R	J	F	U	Z	S

HOELLENRITT AUF ZOMBIEPFERD
VERSCHARRT IN DER GRUFT
GESPENSTER IM MONDLICHT
VON MONSTERN GEQUAELT
BLUTBEDECKTE FRATZE
VOM FELS ERSCHLAGEN

T	S	C	T	T	E	D	J	Z	C	K	H	Y	Y	C	I	R	Q	S
R	O	F	F	A	Z	B	N	Q	K	C	B	Y	W	U	Q	J	T	G
C	T	D	B	W	T	E	M	S	R	M	I	P	V	T	A	T	K	C
I	C	J	V	C	X	N	K	U	Z	M	Y	V	Q	E	D	O	T	K
H	J	B	Q	C	U	W	D	N	U	F	V	R	Q	B	W	S	N	E
Q	C	P	L	P	N	T	E	F	F	W	Q	A	T	J	W	Q	Z	R
S	L	B	X	D	B	E	R	G	I	V	P	P	L	K	R	C	B	P
B	K	Q	A	E	E	T	O	D	L	V	N	H	X	Q	P	O	O	J
H	O	H	U	O	S	V	M	S	G	A	N	A	E	E	D	R	R	T
T	I	E	V	E	C	N	M	Z	G	I	U	E	U	E	A	W	J	O
V	M	G	S	L	H	M	B	H	N	B	G	F	S	T	M	Q	B	D
N	R	V	S	E	R	N	P	O	E	T	P	N	E	S	G	U	Z	E
G	M	C	H	L	E	E	E	O	U	S	H	F	U	N	I	F	T	S
C	V	R	I	L	I	P	S	H	B	N	O	R	N	G	D	B	P	A
M	P	L	G	N	B	Y	T	L	O	U	M	J	D	U	L	F	E	N
K	N	Y	X	J	L	Z	L	M	H	Q	N	Y	Z	Q	I	G	N	G
Z	E	X	M	G	I	D	U	X	F	M	Q	V	O	R	P	F	C	S
K	B	N	V	J	C	G	F	Y	B	H	E	Y	M	U	D	B	Y	T
D	A	G	U	O	H	X	T	D	O	N	T	C	A	D	U	W	L	B
W	H	I	E	A	E	Y	Y	J	D	L	R	R	S	P	N	Z	Q	D
X	X	J	X	O	S	N	E	L	L	O	W	G	R	A	U	E	N	Z
Y	S	O	O	C	C	I	O	V	M	S	B	C	V	N	F	H	Z	U
U	N	Y	R	Q	D	E	I	G	A	M	D	M	T	I	G	T	H	M
B	H	T	X	G	C	K	C	E	N	I	U	B	X	H	E	V	G	U

UNBESCHREIBLICHES GRAUEN

TOD DURCH PESTLUFT

WEGLAUFEN WOLLEN

TODESANGST HABEN

ZU TODE GEBISSEN

BOESE MAGIE

R V B O U T F K N B S D P Y F B Z H Z
I Q L C C N K A Q O D W T P I N M I P
P I A M Q G A L H C S M O R T S C C I
Z N H N U S A O W E J T C T I X N T L
G V F K T F K B T P W G E Q C H O U K
O R Y C W Q Z B X W R E U R A U F Y I
I H R U Y K W G R A U S A M B S O J P
N R A U D I H D I J K C S B B E J A L
G O M Y D O O L B H V R G U O H N U Y
V O R V Y N J X X E J F E O F P V G K
M L V W N I J G R J E A L U Z V E W I
N N L J J K X D R B T R T X T C W J D
N K C E X B E R E P P I R E G Z B D N
A Z D Z C R L G J U U Y T O K Q G P U
M Q K S B E I N S A F F L Q C W V Z E
N T H E R B D N H P N P J W L B J N A
E F N R P Y P J V C K M F M Z S B D Y
H J V A B C X X M A T D F U F R E Q R
C M Y P Z J J U J P V F C R E R A J W
O G Z T L A U F E N F V L I D U R C H
N A T B Z Z G O V C W I C Q C J E O T
K C O D X N P E J W O Q C D O T O D J
Y A I G O E W C S Q M B U T L K C S S
H M C G V E R M O D E R T E S A A N T

KNOCHENMANN VOR DER TUER
HALB VERMODERTES GERIPPE
TOD DURCH STROMSCHLAG
INS VERDERBEN LAUFEN
GRAUSAM STERBEN
BLOODY MARY

S	N	H	S	M	R	N	Y	A	B	O	C	C	H	B	U	J	F	W
I	E	B	F	S	Z	Z	E	K	M	P	S	G	H	Z	F	T	K	N
Z	V	T	M	A	S	B	O	G	W	I	M	N	O	W	V	C	F	P
N	W	H	Z	W	Y	H	K	J	C	T	P	M	K	T	V	U	T	Q
L	R	S	M	T	W	S	P	H	D	R	T	V	Q	P	V	K	O	R
G	V	I	M	V	E	Q	B	X	E	E	T	C	Z	N	I	U	D	Z
M	X	K	K	O	B	L	G	T	U	T	O	N	C	R	Z	M	E	I
H	G	M	J	X	O	A	K	P	J	L	J	R	T	F	P	O	S	V
N	X	J	B	N	U	U	L	H	M	O	Z	Z	A	P	W	U	R	B
E	X	Z	U	T	S	U	H	V	P	F	R	E	M	I	X	S	O	V
G	R	X	O	T	Q	P	P	R	E	E	S	V	P	M	S	N	E	U
E	C	I	U	Z	G	X	P	N	U	G	P	Y	U	I	S	L	C	K
I	J	T	P	L	F	W	I	T	V	G	C	J	B	B	B	P	H	M
S	T	S	P	M	K	S	S	F	M	A	Z	N	W	O	F	D	E	J
T	D	O	I	R	A	E	E	L	U	D	E	P	I	Q	A	E	L	H
E	O	C	M	R	G	V	L	W	S	N	X	L	Y	I	D	I	N	Z
R	T	L	E	U	U	U	L	T	N	E	J	W	M	N	A	V	C	W
H	R	I	Y	T	C	D	N	I	R	X	M	A	G	Z	A	E	G	G
A	Q	O	X	S	N	C	P	I	L	J	A	U	R	N	B	L	M	O
U	G	X	X	U	A	S	U	I	Z	U	F	L	U	C	H	T	Y	M
S	C	O	R	W	X	E	A	B	Y	W	C	I	T	K	B	M	M	U
G	E	G	L	G	D	Z	S	D	D	J	Y	Q	D	H	C	R	U	D
T	B	R	V	O	E	X	H	N	E	B	E	H	R	E	K	K	X	A
A	A	X	T	D	B	X	S	L	P	P	D	M	V	T	H	X	H	I

ZUFLUCHT IM GEISTERHAUS

TOD DURCH SPINNENBISS

LETZTES TODESROECHELN

VAMPIRE ERHEBEN SICH

IN ABGRUND GESTUERZT

ZU TODE GEFOLTERT

U	N	R	E	M	M	A	K	B	A	R	G	P	E	A	W	S	L	P
I	I	L	B	R	L	L	G	X	X	S	E	H	M	K	I	G	Q	Z
N	Z	Q	E	Y	S	T	E	E	W	V	Z	L	E	F	U	V	P	M
D	B	G	V	I	Y	D	N	I	F	B	W	J	M	Y	N	G	E	A
T	M	U	P	O	O	D	X	M	N	R	D	W	Y	O	M	A	S	U
K	M	R	Y	K	E	T	T	E	N	G	E	P	D	B	K	N	T	S
M	H	I	F	H	Y	M	U	G	W	I	E	S	J	Y	Z	U	H	X
A	P	E	A	S	C	G	I	G	H	T	V	A	S	J	B	E	A	O
U	R	H	N	N	C	A	W	J	E	A	H	O	T	E	K	F	U	J
P	L	P	C	O	E	Y	K	V	H	B	R	Y	M	M	N	L	C	G
C	N	F	A	W	Z	P	S	M	C	R	N	L	T	P	E	R	H	V
J	E	D	S	W	N	M	O	U	S	J	C	Y	J	H	O	T	E	Z
A	G	V	I	R	G	X	N	K	I	O	Y	Z	H	K	V	T	E	D
B	N	V	K	M	S	G	E	K	T	D	P	P	E	S	L	O	M	R
Y	A	C	B	D	E	R	D	X	S	F	O	L	X	I	C	D	F	S
N	F	W	X	H	S	Q	N	K	N	F	M	E	E	S	H	E	K	H
G	E	J	E	V	T	A	R	S	E	F	G	E	N	R	H	S	L	H
U	G	U	B	E	J	W	E	V	P	Y	H	O	B	B	N	S	E	M
A	E	R	K	J	A	U	P	K	S	Y	W	U	R	L	Q	C	S	A
R	K	T	F	I	J	F	P	S	E	Z	T	R	U	D	U	H	B	B
G	V	M	D	R	X	E	E	M	G	H	I	N	T	U	P	W	C	Y
P	A	J	P	S	A	W	H	F	Z	E	N	T	J	R	F	U	H	X
Q	G	H	L	O	K	T	C	X	F	M	W	Q	B	Z	I	R	Z	Y
B	B	H	D	H	E	R	S	C	H	E	I	N	U	N	G	S	J	X

TODESSCHWUR DER HEXENBRUT
GESPENSTISCHE ERSCHEINUNG
GEFRESSEN VOM UNGEHEUER
IN GRABKAMMER GEFANGEN
EINGEATMETER PESTHAUCH
SCHEPPERNDE KETTEN

G	P	E	T	W	J	P	I	X	J	C	O	R	D	N	S	A	K	C
R	G	O	R	H	P	T	L	T	N	T	L	Y	A	H	K	L	W	W
H	A	T	O	U	I	Y	A	K	E	J	R	F	G	G	U	E	Y	V
O	K	R	M	V	Q	H	L	V	S	Y	Z	I	I	M	D	B	G	V
W	I	Q	N	H	Z	A	T	P	O	M	S	O	P	D	B	E	S	E
S	L	H	B	V	B	E	R	B	L	M	Z	X	M	L	W	N	B	K
X	A	B	V	U	N	R	E	M	F	X	J	T	U	L	E	D	W	D
M	P	O	N	P	J	G	W	X	P	O	R	T	G	Y	G	I	Z	I
I	J	A	E	G	R	S	G	U	O	L	H	X	T	Y	I	G	G	C
K	R	B	M	A	D	W	W	P	K	U	G	A	P	E	J	V	C	H
F	F	C	B	U	E	S	S	I	N	Y	U	Z	F	Q	M	O	M	E
Q	Y	E	J	E	R	K	Z	D	T	F	H	G	O	V	W	N	Q	R
G	N	Z	B	N	O	C	W	A	G	T	C	T	K	L	B	W	L	T
P	J	A	N	Z	U	V	Y	E	G	B	E	A	T	Q	A	B	V	R
A	K	B	U	V	V	F	S	Z	R	E	H	R	C	H	Z	Q	U	A
R	L	O	L	P	L	C	Y	V	S	O	P	Z	T	K	Q	H	V	E
U	H	N	E	R	H	G	O	H	E	U	G	A	B	E	L	K	W	N
D	W	Z	Y	L	E	M	L	D	U	R	C	H	Z	X	Y	L	C	K
D	Q	S	I	C	A	A	D	K	U	N	L	H	M	U	Z	X	O	E
O	B	T	H	W	J	X	H	X	W	H	N	V	Z	X	H	P	O	N
T	Z	K	H	P	P	D	V	Z	N	A	T	N	E	T	O	T	O	C
T	U	N	H	I	L	L	B	O	Z	X	F	Y	R	I	P	P	E	R
B	I	Y	I	H	C	X	H	K	M	I	Z	U	W	V	B	W	V	R
O	A	U	F	G	E	S	P	I	E	S	S	T	A	M	T	O	C	Z

LEBENDIG BEGRABEN
TOD DURCH ERTRAENKEN
BLUTHUND WITTERT DICH
TOTENTANZ DER KOPFLOSEN
AUFGESCHLITZT VOM RIPPER
AUFGESPIESST AUF HEUGABEL

R F B N V W O E S P N C D L I A Y O D

A Z X Q M O O I G S W D M X F Q X K E

U T Y F O O C P Q I B O P I K B K K Z

H O O D E L V H H M R Z K A T M E L V

D K L X F E E E Q V U V N E T O R E G

J M N M K U Q B Q V M T W U P X R X J

T O E F O N P B S L X R T L X I D E N

I R G U O A Z P A M U G T T R R G Q M

X D N I G U Y G Z T Q Z C R A M Q K J

S G A K F S G P B T O O T K A U P Y G

H I F Y E S Q X A I X I D M O N P P Y

C E E V H P Q T R E U N S W V F S U A

R R G R H R L Y Q P G L P E V Z P J T

U V W C E E J E F T S U A H N E X E H

D L F D U C X X R O T I D G R T V N I

R L Y E F H R R P E E N J V W K P E Z

J H R X A L G Y C D C C L Y N M F M D

S G I G I I Q A D O Q C P T A T A N L

R X V X L C C Q T T Z S A E E S E H J

T T T M T H W N T D K W N T O O H O Q

A U G E N E H E K O J R Z H S G L Y D

Z U I R L Z C Z B T L G R P J H U S H

D I E G O P N E B M O K A T A K N Q Q

V A B B M V T K C E R H C S R E G M S

MORDGIER IN DEN ROTEN AUGEN

UNAUSSPRECHLICHE GREUELTAT

GEFANGEN IM HEXENHAUS

IN KATAKOMBEN VERIRRT

TOD DURCH PFAEHLUNG

ZU TODE ERSCHRECKT

V	E	R	H	U	N	G	E	R	N	G	H	Q	C	G	T	Z	X	Z
J	N	D	E	Z	H	P	T	R	H	C	R	U	D	E	L	X	I	L
R	R	Y	Y	Y	L	X	H	O	L	T	Z	I	F	I	Y	D	D	T
E	Q	P	A	I	X	M	I	R	I	E	R	E	A	S	B	N	D	M
U	T	K	Y	P	T	O	D	M	R	T	W	T	I	T	S	E	I	S
T	V	Y	C	H	G	H	F	F	I	I	W	S	T	E	B	F	C	P
Q	X	V	E	R	S	T	E	C	K	C	B	C	E	R	X	E	H	M
T	G	L	P	P	M	T	N	R	D	N	H	H	U	Z	Y	I	O	M
U	I	P	V	N	Z	U	I	B	C	S	M	E	F	U	X	R	Y	E
L	S	Y	Q	T	F	V	O	R	P	W	A	N	E	G	L	T	L	A
B	H	E	R	Z	K	L	O	P	F	E	N	D	L	L	B	M	O	V
K	U	L	C	U	H	D	Z	T	D	X	G	E	I	G	M	F	G	M

VOM GEISTERZUG ZERFETZT
HERZKLOPFEN IM VERSTECK
TOD DURCH VERHUNGERN
QUIETSCHENDE TUER
TRIEFEND VOR BLUT
TEUFEL HOLT DICH

Lösung 1

U	B	K	N	F	Q	L	D	N	R	E	W	D	V	T	B	W	T	I
M	S	P	N	K	T	I	S	Q	E	D	S	J	P	I	Y	H	T	O
Z	O	M	E	R	W	A	R	T	E	T	C	W	N	Z	C	W	R	T
R	X	R	E	C	T	E	T	F	I	G	R	E	V	A	E	R	H	V
M	L	E	D	V	K	X	U	X	P	I	T	K	N	S	D	N	N	D
Y	I	G	H	E	S	V	F	D	U	I	O	R	E	E	J	E	E	H
M	Q	J	V	H	B	Q	X	Y	K	R	E	N	X	E	J	A	R	Z
M	Q	Q	F	C	M	Q	Q	W	U	T	M	C	M	R	T	Z	W	Q
U	T	J	L	I	D	Y	E	C	T	B	U	B	B	N	L	U	D	Q
W	Z	C	T	L	H	V	J	I	B	E	J	N	Y	Y	E	M	X	U
T	H	V	I	M	O	J	M	J	E	S	I	O	F	F	K	E	M	T
G	S	N	Y	I	E	I	I	I	U	D	N	V	S	V	C	H	Q	U
T	R	Y	E	E	L	T	H	F	I	M	K	Y	M	J	E	R	M	R
N	N	W	Y	H	L	J	B	T	Y	L	Z	G	O	R	U	K	X	B
Y	B	R	I	N	E	X	Q	R	W	N	X	P	H	J	T	O	D	N
H	M	J	J	U	N	G	M	J	E	Z	V	U	Z	F	S	E	E	E
U	X	C	D	I	F	O	U	T	N	T	S	V	C	I	R	P	A	L
T	O	P	X	F	E	X	Z	V	V	C	L	H	A	H	E	F	U	L
P	S	X	M	D	U	E	J	B	H	D	E	U	L	L	Z	I	F	E
A	Z	A	D	C	E	V	I	E	E	G	D	T	K	X	S	G	R	O
M	S	V	S	O	R	J	N	D	N	D	E	R	F	K	P	E	M	H
U	O	Y	G	G	N	U	R	E	M	M	E	A	D	F	O	G	N	H
G	K	N	E	H	C	I	D	X	O	B	F	X	Q	D	J	G	X	Q
D	P	E	S	T	H	E	X	E	X	N	K	E	Z	R	K	W	R	H

Lösung 2

O	G	H	J	C	H	I	B	K	F	E	P	O	V	B	J	X	X	K
G	E	F	K	J	I	J	B	E	B	A	A	V	D	Z	T	X	V	L
I	N	O	V	C	M	D	I	O	E	Y	E	J	M	I	H	K	M	T
E	J	V	C	I	P	B	C	P	P	R	W	Q	B	N	O	D	R	R
K	E	N	C	M	U	Q	L	O	S	U	Y	Y	N	N	N	P	G	X
Z	Z	H	Q	S	M	A	G	U	N	K	K	O	E	U	S	G	N	S
B	I	Z	E	D	U	G	N	W	A	J	V	Z	L	W	I	G	E	O
B	M	D	G	I	G	K	U	M	W	N	D	H	W	Z	A	U	S	E
Z	O	M	B	I	E	S	G	R	P	E	C	D	I	C	H	M	S	G
C	H	Z	R	N	L	M	Y	A	X	S	R	V	S	P	I	Z	E	E
I	H	J	G	K	O	W	R	O	N	S	N	C	H	H	X	I	R	I
W	I	L	D	E	N	Z	M	E	X	I	L	I	K	P	Q	N	F	S
O	V	O	N	A	R	T	L	K	P	R	L	H	N	I	F	G	E	T
K	G	P	J	V	G	L	U	T	Z	E	G	E	G	B	Q	E	G	E
H	I	D	L	N	E	H	X	T	I	G	R	G	K	F	W	L	O	R
A	X	F	A	O	H	T	A	N	R	E	I	O	G	D	M	T	E	A
K	B	P	H	M	R	S	J	B	I	Z	Q	L	R	J	C	S	H	R
M	L	M	D	U	R	C	H	T	D	Y	U	Q	T	C	H	B	Z	M
A	Q	U	O	K	J	K	I	M	P	W	L	F	A	C	C	A	I	E
G	O	S	I	J	R	Z	Q	Q	I	X	E	A	A	T	Q	N	E	E
V	K	I	H	C	I	Y	M	Y	A	J	Y	G	P	U	Q	I	H	E
L	F	O	L	T	E	R	P	S	Y	C	H	O	P	A	T	H	T	I
Z	N	U	V	H	L	L	X	J	M	A	H	W	F	M	L	U	S	R
I	U	J	B	X	Q	H	I	N	R	I	C	H	T	U	N	G	M	F

Lösung 3

U K X R P Q R S B V E R B L U T E N W
I V S V W K A A T J H C R U D X T L D
A F S G H U N U S P A X G E H L S E A
K O O Q V F G F N O C F J U T A I B B
P V L J R J J S L P U X M G T M B E D
U I H J M A R K F A N I H Z X E O N N
R G C X N J T I H W E X N N Z J S R U
I J S R W S Z W A R D P A H A C M S F
S Y R M L K Z U T F N Y R L Q H I K G
P A O A Z E O N M V S E Q N C D O E U
Y U R X A Y D O Z I R R E I K N I H T
T G R J Y S T E R B E N D Y H M Q G U
P C O K N V Z F R L E T B U R X W D P
X I H Q T P N R E J K F Y F C P M H R
M H H J D U T O D E S S C H R E I N B
J E S J V M R J A T G K S Q K I C A W
R Q A U Q T H M D I B G J D F T X C J
D G B M D J T A J E K D F Y Q K F H T
U E K E E N Q G X N D B E F G C A T Q
R L A Z X I W H T I I H Y M W E W F I
C L D I W U D N K E S V K H O W T E L
H T I N W V B K A W F O D K N R R S U
R T G I T S G N E A E G T O D E Z X A
Y Q L H Y B Y P E S T A C K E R G H X

Lösung 4

S O Z U X J F K N K L R V J Z F E Y D
L D K A N G S T A E Q Y N M L E A L N
Z P T Q T C G Z Y U S P D I X J T Z E
K O E P E R T E I L E O Q T Y C V X T
S P E I O W O T R D X S L M P D X F L
P U F X A W P V U Q J P O F O J P Y A
M N E B E I R T E G X R K L P N I Y T
U L T K C R L O S P D O W B M O O G S
J E T T E A T S T H C A L H C S K V E
F E V D V J K O D T O L A Z C Q U W G
V Q P U M Z I N G E L T V O G F U P R
Z G N U V Q T L V L C C C O T S V F E
Q I F W U W H N O N R N D K R T A N U
I F U A O L Z B M J X Z C O E C M R A
C Y H O R R O R B U R G M B G J P W H
B U F V I Q D B L U T I G E A D I J C
Z E L H A R T S T U L B D Y L K R M S
N M E U C H E L M O E R D E R Z T U C
B X R F B Y B R C X M Y B E W T R R B
Z U I D M W G B W A H N S I N N E U R
P I P L Y O T X K G B L B I C T F M I
X T E D I E W E G S U A H C L C F P N
X E Z F T W F Y H J B F E S U A E F A
F T Y I G B N Z C K A F U A X U N U P

Lösung 5

K D E R G A M H N N P U U N I P L J N
Z D V J P R W I U F T E F L U E C H E
J M J G K S T S A B Q B P G H A A U I
R L B F Z P X S G L W E T V P R H E S
F Z Y Z E E L L E O H R W Q I A M D T
K W J L G L L J D Z K A U O I T G N E
F O F K N A B T H C A L H C S L Y E I
K C S G I O U U K S X L Q D L A A G K
X J U E M G Q C I Q B F J W X T U N J
M T L A N W D C T O L E I B S U F I V
G E D T Z T H M O K U N V K U L H R B
L T R R U V Z Q N E T R O F P B E B Y
E T R U S E R X R H T T W V L Y R T T
S E I Q P G K X R G R R V R Z P S O R
N K F U J N R E F A I Y H U O P C T Y
G E O P F E R T H U E P F K F M H V R
A G I V E I W I Q E F A X X F D L S R
B N T C Y D N Q Y B E F J A E M E L E
M A U V R T E P I H N B B X N Y I Q V
F T B E E Z N R M E D C T T F N F R M
X R M R J J N O S T E H E N T Y E X H
Y K N O C H E N H U E G E L F H N V J
T U T J Z M Z T J K A U F W D R D P O
Y C H V N X X G P Q K W I P D B O G Q

Lösung 6

C W C J A P T F J L S R Y E D V S W F
T C S S C H W A R Z E R K T O A C U V
Z H H R R P T Z O R Q R R N Q E H G A
F S C H L A F Z I M M E R D X G L N M
E M I T T E M B H Q G C T H K N A U P
R L D W N C P I S H N D E T A N E N I
V I R M E X M Q G Q H Z Y M X X C I R
X U E P G X O M O V I V E I M C H E M
R A C L A I S N N I S N H A W I T H A
F T U W L H N B R C Q S C Q Y N E C L
V C N P H I U I A V E A R R J B R S E
G G E X C C T U E A V F D F A E X R N
G R U K S T F S W T N C U Q B I L E N
Q G F K R U Z F N B S X R U W E W R U
E Q B J E H V Z W E N B E J I N N E T
U U S K N N H N I X T B A C L P L T L
Y Y M I O E P G Z M E O H R I T Y S X
Q N Z T H X M J I R M E T Z G S I I Z
I M G X A E I W S E N N N O A D M E Q
W W N K W H H A N B E T U Z O Y F G X
Z G A X X X E I E L U Q E O L K P M Y
U N R L R H E R X R G P C V G V M H X
W T Q G T D G E Z E V S L D E S P P F
D B V R P X M E X U D P U S O U T C G

Lösung 7

```
N G D X O X E Q Z V N W M P H R Z V D
E X D W P D I X D R A X V H V Q C H M
S M F Q H Z O G F D B H N P U R A S N
E C N X E E Z U E I B E I M F A A F E
W H E O T R I J I W M J Q S R O M O G
N K R T Y W J T Q W J K J C O I D Z N
E F S O Z U H A K C T Z V H X E V M A
T L G D W E T M M M Q K A A C F N K F
T E A E H R C A I M S X V U C X S C R
A D H S C G D P X Q M N I D S C T I E
H E R T R T V X O P U R A E K J Q L V
C R O E U G S A O Z A U A R O Y B B Q
S M T R D V F A L L F U X T Z A L R M
K A K M Z G I C S G G K U A J E C O Z
K U O I V J O B E E L N X T B I Y R E
Z S D N O K U S N T U G A E J H N R T
P B T R M D C Y E J M R N K U H I O O
W O S M U H D T M X O N R T W H J H T
L S E H L P U Q P Q E C B H P H W Q X
H G P I W L Z D D G S V P B I B K B K
S P T D B M T I R N K I D C F G N T X
T Z H R M A M O W K J N P T J M S R J
T T E A C I M I I H O C G H X A N I J
A V Y M K M Q Z L N F K Z D A W R H F
```

Lösung 8

```
N Z N L O N T R G E S T A L T E N D T
E Z E G O E E H C I E L Q M K O I M O
K W U X E P E S T O P F E R S C T P W
A G Z T G B Z R Z M L Y V L H Y L P L
H J Z L A Y L N X C M O P G O P I S A
R I R O I D U E X S I X L Z D I E S M
E H G R J N F L N F H E Y P Q C T T K
H Y J G C E G L G D K W H C W U R D H
C O K Q O G K A E F E X C N A A E R A
S M Z F R N J F Q Q Y T U P G S I E U
I G O S O E X R A K H M A F D E V F F
E N J U T A J E S L M P H B U A E U G
L F O V N H X B Z G F A S S E B G W E
F O K N E F K E R E Q B E R I M N L S
U S U E L J V U G E W H D T F R H X T
Z V D G L Y E D N E G G O X A O E O O
S T Y I E O U W E C C U T Y N I T D S
L M E R O S G R U S E G A E Z Z D B S
N C I U H O N E X S K G U S M S R P E
L Z S A Q T J D M J R I X Y T U E Z N
R N R H W A S Q N P H E G G Z U X V E
K F N C K U E O E U I B K W N T L S S
C T G S H R O B M Z I X N W V I N B C
C N E U W L F S G R U B T K L S A D F
```

Lösung 9

```
V K A E X P X S X O U S E P K R A S Q
J A K S R D S L B S R W G S H Y P J J
X X J C F D F M H G R X Z A I N D E N
O Y Q E O U F L C K S G L T S M O V G
Y L X B A P R Q M L N L O R F U E R P
X B L L Z P K N N I T A S D B N G O Z
P W F E C V O M E I T L R C N J K E R
K E M O R N L Y R H E T A T M I R W N
E C C W E E Q D R R C G E E T S B E H
U Q E E K T S I I N P Z N R T F S O J
U I B G C R E L Q L Q S U U N S I P K
S C Y N A E E T K D C I E E O A N G N
Z J W E T I D J L H K C Y L A I C D R
Z X X H U L R B E A K Q H Z U K U H H
A W Z C L O A N B E T C L N E R R P T
P T Q I B P K E L O S S F F C T L J U
U Z A E H N J T B E N P N H W O A P Q
X R I L O Q I A G Y O L U U V T M W S
A A S C R C S N H M A D K I R E M M Q
U G H M U K I E M Q F B R N A E M X R
U E D N M E F N I M C W N E A C V A Y
N R F E F V F O K T Q H M K F L N C L
G N N U H H B C C R K U S K Q P B O R
Y P Z E D N F W X R X P B Y Y B O G B
```

Lösung 10

```
B E S B R I N G T F E H C I L D E O T
F T R U E B E R A L L M V T A D I C H
B L U T B E S C H M I E R T E B O S E
S K M H O E L L E N G E S I N D E L S
P A H J L T Q O N X K I W I O L F T K
I M B B M J P Z G U G Z T E H I L I P
N W C T G F X E Z R A W H C S Z X S F
N D I I X K T F W I P G E V U A V Y E
E O S W V Y E G V A R G E J T D G B R
N T N V O I I J S Y E F B X H L F G P
N K H N T K C I L B R E A V X A V J G
E V A M P I R Z A E H N E F O P T Q T
T E T H C A L H C S E G N I H N O L R
Z T P H E S P O W P V O F F A Y E U F
E V O M I A T V T E E C Z G W D T W W
V C P I X V K R X X L W E G U O Y H Z
T Q E E N Q P C U U D H N S H L G F C
N T U U L Y W F C R O D E Q L X S L E
E I K G J J P G P B A B T K D N X L O
F M I T U L B U E A T I O M Q E K H E
K H Y F G J A N P U P R T P G S M C P
P B C G J D E C L P U L N T M N F Q L
D A P K P R B B U J H Z U I V E J V L
H N M C M P Z E G J K A T Z E D M W O
```

Lösung 11

H H G C N V T R E Z G Y C F B Z P D C
N F U V U L T N X J T S I Y S S Y K R
X U Q I N F E B D I L C I L U N R D X
D E Y W Y D L I P M J H W L F E P S I
Z P R U J H R I F D J L I Y I I U M Y
G E S C H A E N D E T A X S E T D N I
G R R F K M K W C R M E T L H G E E S
M E F Z H H T R Y U O G M E L N H T D
C B T R Q H I U P S N T V B K D C T J
R E V L T I W T S L S N Z E L P U I K
S U X E E R I Q S R T U D N R G A N T
T B U G O T Q Y E L E O H S N R H H V
V C Q O I Q N E I K R S L G E Q T C D
L Z X V L X K Y L L Y G Z R S N F S X
X J E N R L I D R V S V G U S E U E R
B A L E G R U G E V C P D S E G R G E
B O L H P I N Y V O U I H S G E G H T
H H E C G O B H G M R F P M R G T C Z
L I J I A W Q B R Y F W G U E T L R T
H G D E Q R O X U B U I O Q V N L U E
Y E J L T N N F B I S H L S W E L D L
S M H Z R K S T Y Y W V Y Z A W W U U
T Z M D U G B N E T S U H T U L B T F
C B Y N U C W Y A J E O J I T Q I F O

Lösung 12

I L Y I S E Z A E F Q K T H K O O L Q
T H C I N K S R I D G C N E M Y C A B
Q E R W E C K T H V V I F T Q D U E N
I M S E J R X K P H E L E R W N V S O
G A C M A E P X X L R B N H D I K S P
V A H P M K U U W E J N U H K W T T B
E H A G M C P O Q Q P A S C J N H U O
R F U J E A N T C L M U L U E E C F L
B K R F R N E Y M T Y N S R Q L E L Y
R W I W N E F S L S T C D B H L U B H
E V G P G T L S S N C V W S C E Z A I
N H E F H O E H C R U D A U U O E I C
N W R W O T H F W Z N K O A Q H G E S
T A D N E K N W K K O E J T L P N G Y
E V Y P L Q E Z Y M Y Z H S V G E X A
M A F I L V R L W D K W Z E T W N W G
C F G F E M R J N D N U L P L L O S L
T C V D N S A H X A M E M J P F M C E
I K I P H E T X D L P L B U T Z E W X
E C L U I I S D Q I J P E E A Q A O U
H O W U T B R D Y O B B D T L N D L K
G M H W Z M E Q S U E P K O K D Z X U
D Q L V E O J U X R F F T E M B U X Q
Z S K R J Z I M F J K V N O Z V L F X

Lösung 13

N L W C K V N U U X F B S T F D O L M
N U Z Z N Q E Q L Q A C M P Z V B A M
V J O J M L T G F M R L F V X Y A Y E
O D E V T M B B I K U E N D I G T H X
G B R L N E D S P R I V F L D Q C P V
E H G U W W T V A I U P K H Q I C E R
D T R L T O T P M Q F A U I E C R A S
N Y U A S B R T G I E Z H L X B D Q P
U D H S B V E R B Q Q V I C R R T D K
T B E R O E D B Q A B L Q A S D S T N
S N L E Z B N K T D Z L N V I F T E O
R G O V M G Q G B H R N V R M C F N S
E I S O N F R Q E U T E S U Z O Z H Q
T D E H E T U L I K R S V L E M N E Y
S N N S G G V A P M R U Y R A D E A Z
I E E P L C O S O Q W A R I W H R Z Q
E B N C O D S D N T Q Q E C U G U R W
G E I R F Q E U A Y O Y E C N I G I K
S L E Z C R E B P W P Z L N H N I P H
O E D F T F Q A Y K E O Q L E Z F M Y
D K E E Q Q D B I D M B W Q I M E A J
I T A L Z X D L T Y E B L Q L J D V I
C O A I E F G W Y M S L S C R E F Z R
H Y R D Y N S S M I N K V B L N O T Y

Lösung 14

E R X O W C S N B A D E J W A P T O P
S R B E S T I E N P Y M Y N V V G C B
F G K J X R I F M Z S J E O E P R F K
M Z X W E C B J F Y L U R G C Q E I C
J W G P U Z E L O T B A E A X J U L N
G T W J T S M O U V Q S L Q C Z E T A
Z F T T K R U U W T S A A W Q D L H M
K W T Q S E L U T E Q U E U P E M C X
J J Z T F G B L N K N L N A M A A U L
O A R U R I R E N D N L K T Z T H L A
Q J E T L L O I F W A E D F B C L H U
R N U E X E R C H H I P B W F C Z C E
Q L T I X S R H A L N C R E L O E S R
A K S O F U O E D A S C G F L V I P T
L M E X T R H N Y T B W I H L J T F F
H U G V R G I F T B V R G B K Y H U T
R F L U E U I E S J P D Z M V N C A I
M T F R T B Y L D Y K Q A E E S U H O
V H I C T R O D W T W N Z R R L S X Q
O C Z D E V C I C N I G G Y P R E H O
W R V F U N T K R K M M V G M V B D V
P W C C F X D E M P D N N U S N K Y X
E C N A E S D A M H Q G A R U E N I G
A D R U G H O E L L E N A N G S T M Y

Lösung 15

Q	C	K	T	G	T	T	F	F	E	I	D	B	C	X	M	I	J	S
H	F	U	B	F	Y	E	P	F	V	O	D	S	Z	E	V	K	N	I
U	E	X	Y	M	P	Q	U	T	B	B	N	R	D	J	H	P	G	N
S	E	T	L	E	H	C	U	E	M	E	G	U	N	J	Y	E	W	L
J	A	W	G	K	T	A	L	Z	T	C	R	A	E	O	H	Z	N	U
E	C	G	F	R	J	M	U	E	U	H	O	A	K	X	V	U	W	E
T	T	V	T	H	M	X	B	I	X	B	M	P	T	J	A	Y	K	A
S	F	Q	B	F	I	S	U	W	D	M	O	T	F	Q	M	S	Z	F
H	S	E	G	A	I	X	D	M	B	N	R	F	H	A	P	A	J	D
H	U	R	D	R	Q	G	W	Y	X	R	D	L	O	D	I	T	P	U
B	M	I	P	F	R	D	J	Y	E	L	N	U	D	S	R	Y	J	G
K	Z	P	V	R	P	E	N	I	J	S	A	E	X	C	E	Q	R	E
S	I	Y	I	W	U	H	A	O	Y	T	C	S	K	H	N	A	U	E
Z	N	L	M	W	U	C	R	X	V	O	H	T	W	R	B	A	D	J
D	G	Y	A	Q	E	R	N	D	O	T	T	E	U	E	J	N	V	M
I	E	V	A	K	B	U	P	A	K	E	W	R	L	C	E	C	R	P
F	L	W	X	Q	E	D	M	P	I	N	N	S	E	K	K	J	X	E
X	T	R	X	O	R	V	S	I	F	B	Y	T	N	H	H	L	B	T
L	F	Q	A	G	A	Q	O	G	H	L	L	I	H	Q	M	S	N	S
M	Y	C	H	N	L	Y	H	U	B	E	V	M	O	B	M	J	U	Q
C	H	O	Z	X	L	V	J	A	M	I	I	M	W	K	S	K	J	A
A	T	C	I	E	X	X	Y	K	P	C	X	E	V	M	S	T	T	B
V	I	O	H	N	T	O	R	H	D	H	F	F	O	Z	N	R	B	Q
N	P	J	R	U	A	T	S	A	G	X	X	F	R	P	F	N	P	M

Lösung 16

N	Y	H	W	N	L	I	D	B	J	U	R	N	R	K	O	N	M	I
E	O	C	T	H	E	G	C	N	G	V	B	K	D	Q	P	E	F	T
F	B	F	M	O	U	N	V	L	G	T	Q	E	J	W	D	C	E	Z
U	W	Y	K	S	Q	Z	D	P	P	R	J	L	I	G	Z	N	X	W
A	I	I	B	L	S	E	N	S	E	N	M	A	N	N	E	W	A	W
H	N	E	Q	L	Y	E	F	G	E	M	S	L	D	P	F	N	B	U
R	H	N	U	N	P	S	J	U	I	K	A	X	Q	M	W	Z	M	H
E	D	T	F	O	L	Y	U	E	E	D	N	O	M	L	L	O	V	R
T	C	F	N	K	A	I	F	L	B	G	T	D	O	T	S	B	G	J
I	N	E	P	H	T	X	E	F	S	N	E	H	C	U	S	N	R	B
E	C	S	L	L	L	T	A	K	O	D	S	G	J	C	N	E	B	L
H	G	S	D	W	T	P	E	W	J	A	S	X	Q	X	E	F	I	U
C	T	E	R	E	R	I	P	V	E	R	S	C	H	L	E	P	P	T
S	B	L	X	Z	L	G	R	S	F	K	T	O	A	U	O	W	K	B
W	T	N	E	F	U	R	E	W	J	O	K	H	C	J	Y	H	W	A
N	R	S	D	G	N	W	U	T	Y	M	Y	Z	C	T	L	G	A	D
O	G	D	C	T	T	F	K	L	O	M	X	I	M	A	X	H	N	E
E	E	N	B	U	Z	V	M	H	N	T	S	H	J	V	N	X	D	I
R	R	V	Y	O	J	E	A	E	D	P	N	M	Y	H	I	U	E	X
Z	F	I	R	E	X	A	U	F	U	N	Y	U	R	E	D	Q	L	C
I	J	J	O	R	L	F	W	V	E	R	W	A	N	D	L	U	N	G
O	C	Q	J	G	F	Y	S	D	F	R	T	Z	A	X	X	R	D	H
Y	G	D	U	D	F	Z	O	T	M	G	C	U	Y	L	V	B	E	D
H	Z	D	A	T	X	R	C	R	S	H	C	I	D	I	E	L	J	K

Lösung 17

V	N	X	I	O	D	F	B	W	G	E	Z	I	U	V	O	O	U	I
P	E	T	U	N	N	A	E	G	U	A	U	F	N	C	M	J	D	S
Y	F	Q	Z	A	X	Y	B	R	U	N	Z	W	G	W	O	T	S	K
Y	P	I	A	E	K	D	A	K	T	D	A	U	Z	P	O	N	X	N
E	O	J	C	P	I	T	G	R	E	U	W	R	E	T	I	D	B	W
G	R	H	Y	T	F	D	G	W	Z	B	P	A	E	F	Z	D	Y	D
N	T	J	Z	X	P	Z	E	E	V	R	F	N	L	V	K	B	B	J
A	S	V	Q	P	K	U	E	I	K	G	K	I	V	N	P	W	D	U
L	T	S	H	U	V	U	P	K	E	O	E	K	C	E	K	S	A	R
H	U	J	U	E	C	T	B	D	E	G	E	D	L	T	Z	H	A	M
C	L	N	Q	B	H	N	D	P	E	C	K	P	V	O	M	T	G	F
S	B	V	E	B	F	E	F	N	R	L	O	H	F	R	A	A	K	U
R	M	Q	P	L	R	E	D	L	R	K	F	I	X	T	S	M	I	X
O	O	N	G	H	A	E	V	N	U	V	E	R	F	O	L	G	E	N
R	V	M	T	K	B	U	T	G	P	M	Z	T	D	L	S	E	A	B
R	N	I	Y	R	A	N	Q	R	E	K	N	E	H	P	C	Z	O	V
O	K	W	U	R	O	V	X	N	Z	G	B	S	R	S	W	H	O	P
H	T	R	E	T	I	E	T	S	E	P	U	I	J	N	F	N	D	G
N	H	J	Z	V	K	U	E	T	S	L	T	H	O	R	R	R	E	O
F	O	L	T	E	R	U	N	G	L	Z	L	V	E	N	S	O	C	L
Z	U	K	F	K	V	G	D	T	T	W	J	E	Q	Q	D	F	K	V
P	U	E	H	S	I	X	U	W	U	Q	U	U	O	M	L	K	E	T
Z	L	V	H	G	O	C	Q	W	H	P	D	I	C	H	G	F	X	W
J	I	Z	A	P	D	U	R	C	H	T	G	H	Y	Y	W	P	O	O

Lösung 18

G	A	N	J	G	A	Y	R	G	J	E	Z	X	L	W	I	W	K	A
W	P	I	X	H	L	I	M	U	D	A	G	N	W	I	R	D	G	D
N	C	J	J	A	G	F	Y	O	X	S	N	A	G	W	Y	E	I	U
M	F	E	E	U	Z	W	O	U	H	H	H	U	J	L	I	V	U	R
Y	S	Z	G	S	G	N	S	M	V	B	T	N	X	S	O	Z	D	C
I	D	A	E	M	E	Y	Y	T	D	W	J	O	T	R	F	M	A	H
N	M	G	C	T	U	W	J	C	H	V	N	E	F	R	I	O	R	K
X	W	X	O	B	S	F	X	V	O	E	R	A	I	A	G	B	X	A
K	Q	T	Z	N	P	F	E	T	N	T	A	E	O	M	K	M	Z	S
J	A	L	J	P	N	Q	U	I	A	C	D	S	Q	C	E	J	T	W
G	V	F	J	E	U	H	J	N	J	H	G	U	R	I	B	E	P	R
N	O	U	X	S	H	U	Z	Y	O	V	V	X	G	E	R	Z	Q	F
U	G	X	R	T	G	I	A	F	D	L	Y	E	C	B	B	E	X	D
H	E	M	K	B	G	R	Z	J	W	E	N	G	E	D	R	E	R	R
C	L	R	N	E	M	W	Q	C	N	E	I	N	M	T	G	I	U	W
U	S	S	S	U	Z	I	U	I	N	V	S	N	R	K	T	S	L	W
S	C	M	E	L	Y	Q	T	T	U	A	V	A	E	R	H	J	X	P
M	H	T	T	E	R	V	U	U	N	O	E	V	E	M	A	N	I	K
I	E	U	C	N	D	G	X	G	X	N	W	P	V	M	K	J	H	Z
E	U	L	R	H	D	L	S	E	K	T	D	R	E	F	J	Y	L	B
H	C	B	Z	K	L	T	J	T	L	B	L	W	S	M	Q	A	C	N
K	H	C	Q	K	S	N	D	Z	G	H	E	P	G	K	P	K	H	D
X	E	P	J	P	K	E	V	M	A	J	L	E	B	E	N	D	E	N
N	G	X	N	P	R	L	E	B	E	N	D	I	G	U	X	L	R	K

Lösung 19

L	X	X	O	A	H	P	Y	B	E	D	M	R	I	E	L	L	W	Z
J	Q	K	A	N	R	E	D	A	S	L	U	P	X	X	I		S	O
Z	J	U	Z	L	P	Z	D	G	M	U	T	F	A	P	E	R	V	B
C	F	Z	N	J	J	V	T	D	S	N	O	R	Z	K	G	E	L	T
Z	V	N	G	E	H	A	E	U	T	E	T	S	O	N	E	H	E	Q
O	N	E	T	O	D	E	S	M	E	T	Z	G	E	R	N	C	I	E
M	W	G	J	A	I	C	K	J	I	L	H	I	V	S	D	I	C	A
B	V	N	I	J	M	Q	C	D	P	K	M	I	H	N	H	L	H	U
I	J	A	Z	G	D	E	M	R	M	E	I	V	M	X	P	G	E	F
E	D	F	U	F	N	A	M	Q	G	O	Q	F	O	J	E	E	N	G
K	S	E	F	L	E	B	E	N	D	I	G	E	N	M	S	A	G	E
A	O	G	V	U	B	H	H	C	S	X	P	B	V	M	T	R	E	S
T	F	K	H	K	X	F	F	P	O	E	D	C	U	R	K	T	S	C
Z	S	H	G	O	S	I	N	D	C	G	L	M	D	A	A	R	T	H
E	E	A	S	L	U	T	L	J	J	Z	S	P	D	N	R	E	A	N
N	W	M	L	D	P	D	W	F	C	I	D	U	E	L	R	N	N	I
V	D	P	N	Y	E	N	H	N	H	R	S	N	M	M	E	U	K	T
U	N	B	J	G	D	X	E	X	X	Y	I	B	L	P	N	T	V	T
T	C	K	I	M	U	Z	F	C	D	E	T	F	E	J	C	Q	T	E
Z	F	Y	U	E	U	Q	Q	Q	D	Y	L	Z	E	I	W	N	B	N
Y	M	F	G	E	L	P	D	U	V	N	X	A	X	E	C	X	K	X
E	E	Q	R	O	C	D	T	K	V	C	J	T	G	R	H	B	Q	L
F	K	K	Q	V	B	I	A	K	O	F	Q	B	J	R	U	Z	N	K
N	S	F	L	I	F	Y	O	U	C	F	D	I	C	R	A	J	V	Y

Lösung 20

T	N	X	V	W	J	X	T	D	D	V	O	A	A	F	T	Z	W	S
R	E	U	U	U	E	S	E	A	O	P	L	U	J	V	D	E	Z	H
U	D	M	T	M	V	A	Q	E	S	F	W	G	W	Q	D	R	I	Z
C	N	O	N	P	V	X	L	M	L	A	R	Q	X	W	Y	F	J	P
W	U	V	E	I	T	T	A	O	P	T	E	Z	O	Q	W	E	F	U
C	H	Y	S	F	F	J	W	N	K	U	F	U	H	A	X	T	J	B
X	N	S	S	Q	G	Y	O	E	H	T	R	V	R	A	D	Z	Z	T
J	E	D	O	X	U	A	H	N	I	J	M	M	X	E	I	T	S	O
F	L	G	T	E	B	C	V	F	L	V	F	H	C	I	B	W	K	T
T	L	M	S	Q	K	B	B	U	Q	D	V	D	D	L	W	A	U	S
W	E	Z	E	S	I	N	S	E	O	U	P	B	M	W	X	A	D	C
O	O	I	G	Y	B	V	W	R	A	P	W	F	E	V	O	R	J	H
J	H	Q	N	B	K	A	Y	S	Y	O	S	R	V	D	T	M	N	L
U	V	U	E	B	U	E	Q	T	Y	N	W	C	X	W	W	F	E	A
P	I	U	V	E	G	K	N	O	K	O	F	J	E	A	Z	A	S	E
E	B	T	V	Z	K	F	T	O	L	T	V	A	U	Z	V	L	S	G
Q	F	G	G	F	N	G	Q	F	R	M	T	J	E	R	T	G	I	E
T	L	A	E	B	U	O	V	Y	K	K	M	C	P	S	H	L	B	R
K	R	J	Z	V	N	E	U	A	R	G	T	X	Z	E	S	W	E	P
X	S	E	R	X	Z	J	N	L	X	C	T	F	R	C	P	I	G	B
P	M	G	V	F	D	H	B	D	J	X	G	A	I	A	X	Z	E	L
T	Z	O	H	W	J	V	E	F	I	G	A	I	N	G	T	G	E	W
U	M	R	D	F	O	V	C	G	U	H	N	J	M	O	V	B	D	X
W	R	O	T	N	I	S	A	X	M	D	O	V	L	X	B	X	B	S

Lösung 21

L	L	N	Z	C	Q	J	L	J	D	I	Y	N	A	B	L	R	E	M
M	C	T	S	W	V	S	U	F	M	D	W	E	C	A	J	O	U	J
T	A	P	M	A	W	E	I	S	T	M	T	N	W	P	Q	M	J	O
R	F	M	Q	U	D	R	K	U	X	O	Y	I	S	G	I	Q	T	X
D	U	B	O	E	S	E	N	G	T	O	S	E	U	E	W	V	N	Z
P	G	I	U	G	C	O	B	E	A	M	D	B	Y	S	D	C	E	T
K	R	Z	K	P	S	N	N	X	S	C	I	E	E	D	O	M	R	Y
T	A	F	Y	Q	E	R	Z	F	V	D	U	G	J	W	T	Z	H	Y
M	B	O	R	D	D	U	L	X	H	G	C	J	B	U	E	O	A	B
O	E	B	G	M	S	L	U	H	C	Y	R	O	R	G	S	G	E	I
D	S	D	R	A	N	S	Y	K	H	J	K	M	E	F	K	C	N	V
N	M	A	F	A	W	X	E	O	R	P	E	D	N	W	Y	I	G	E
I	O	Z	A	D	F	S	U	A	Q	T	N	A	I	Y	D	D	E	R
Q	D	H	Q	J	K	Y	E	G	T	L	U	T	Q	C	X	S	N	W
O	E	O	K	W	Q	Q	J	E	E	S	D	Y	X	C	E	S	W	E
L	R	Y	U	C	X	O	K	D	J	A	D	A	Y	D	G	L	I	S
N	G	Y	Q	C	H	S	N	K	R	B	V	I	X	S	R	W	T	U
K	N	P	U	R	L	A	I	G	E	B	Y	J	H	F	H	L	R	N
Q	G	L	V	A	W	G	A	H	D	F	G	Y	C	U	Z	E	T	G
R	Q	W	H	L	X	I	B	P	C	U	J	O	I	K	B	E	O	S
C	I	V	N	C	Q	F	S	M	L	R	F	N	E	W	U	N	V	L
R	Y	I	V	O	O	P	H	M	E	Y	U	K	R	F	E	C	K	U
F	N	U	L	H	C	U	R	E	G	R	E	D	O	M	C	J	G	F
H	W	H	A	P	H	P	E	W	O	H	M	D	E	Z	C	B	A	T

Lösung 22

L	U	G	B	W	P	P	S	U	C	K	Y	O	G	N	I	T	O	K
M	Z	R	V	G	R	U	F	T	Y	C	F	U	X	Z	X	H	B	O
H	S	W	O	P	Y	V	N	K	A	U	P	O	U	Z	O	R	V	G
D	R	E	F	P	E	I	B	M	O	Z	L	V	F	E	I	T	E	D
E	R	S	C	H	L	A	G	E	N	F	J	P	L	M	P	M	R	H
W	X	D	Z	A	U	Z	U	O	N	X	A	L	R	J	H	Q	S	V
A	X	S	T	F	T	V	V	V	M	X	E	U	L	T	I	M	C	P
E	D	Q	W	D	O	Y	X	E	Z	N	X	D	X	P	O	X	H	T
L	T	N	V	N	G	F	X	K	R	F	W	W	J	N	M	Y	A	B
V	G	K	Z	E	Z	O	E	I	E	D	P	G	D	N	R	R	R	M
S	X	W	C	C	F	E	T	M	S	U	E	L	I	K	V	R	R	O
Z	R	X	Z	E	Q	T	K	V	G	J	I	R	J	Y	E	K	T	N
U	S	B	N	D	D	T	S	E	K	C	Y	Z	V	T	D	N	E	S
A	A	Z	X	U	P	E	Q	I	H	Y	E	J	S	E	Z	W	T	T
Q	T	T	M	V	E	U	B	T	N	T	J	N	E	S	A	Q	C	E
S	L	H	L	A	A	Z	L	T	U	D	E	Q	Y	C	H	W	F	R
X	M	O	V	E	J	X	T	M	U	P	C	Y	T	D	S	R	F	N
Q	Y	D	L	T	Z	N	M	A	S	L	K	D	O	Z	A	C	X	Y
L	Y	T	R	F	K	Z	D	E	R	M	B	K	D	C	R	S	E	R
I	L	O	T	P	E	T	G	Y	T	F	H	E	R	T	X	D	P	N
S	I	V	Y	J	W	L	N	J	O	P	K	Q	F	F	B	A	A	V
M	L	N	W	X	L	D	S	E	K	A	W	O	E	F	Z	Y	P	X
E	Z	K	K	D	G	Y	U	Q	W	V	E	C	C	E	R	K	L	U
J	Y	Q	V	D	J	A	S	Y	G	G	K	N	R	J	F	U	Z	S

Lösung 23

T S C T T E D J Z C K H Y Y C I R Q S
R O F F A Z B N Q K C B Y W U Q J T G
C T D B W T E M S R M I P V T A T K C
I C J V C X N K U Z M Y V Q E D O T K
H J B Q C U W D N U F V R Q B W S N E
Q C P L P N T E F F W Q A T J W Q Z R
S L B X D B E R G I V P P L K R C B P
B K Q A E E T O D L V N H X Q P O O J
H O H U O S V M S G A N A E E D R R T
T I E V E C N M Z G I U E U E A W J O
V M G S L H M B H N B G F S T M Q B D
N R V S E R N P O E T P N E S G U Z E
G M C H L E E E O U S H F U N I F T S
C V R I L I P S H B N O R N G D B P A
M P L G N B Y T L O U M J D U L F E N
K N Y X J L Z L M H Q N Y Z Q I G N G
Z E X M G I D U X F M Q V O R P F C S
K B N V J C G F Y B H E Y M U D B Y T
D A G U O H X T D O N T C A D U W L B
W H I E A E Y Y J D L R R S P N Z Q D
X X J X O S N E L L O W G R A U E N Z
Y S O O C C I O V M S B C V N F H Z U
U N Y R Q D E I G A M D M T I G T H M
B H T X G C K C E N I U B X H E V G U

Lösung 24

R V B O U T F K N B S D P Y F B Z H Z
I Q L C C N K A Q O D W T P I N M I P
P I A M Q G A L H C S M O R T S C C I
Z N H N U S A O W E J T C T I X N T L
G V F K T F K B T P W G E Q C H O U K
O R Y C W Q Z B X W R E U R A U F Y I
I H R U Y K W G R A U S A M B S O J P
N R A U D I H D I J K C S B B E J A L
G O M Y D O O L B H V R G U O H N U Y
V O R V Y N J X X E J F E O F P V G K
M L V W N I J G R J E A L U Z V E W I
N N L J J K X D R B T R T X T C W J D
N K C E X B E R E P P I R E G Z B D N
A Z D Z C R L G J U U Y T O K Q G P U
M Q K S B E I N S A F F L Q C W V Z E
N T H E R B D N H P N P J W L B J N A
E F N R P Y P J V C K M F M Z S B D Y
H J V A B C X X M A T D F U F R E Q R
C M Y P Z J J U J P V F C R E R A J W
O G Z T L A U F E N F V L I D U R C H
N A T B Z Z G O V C W I C Q C J E O T
K C O D X N P E J W O Q C D O T O D J
Y A I G O E W C S Q M B U T L K C S S
H M C G V E R M O D E R T E S A A N T

Lösung 25

S N H S M R N Y A B O C C H B U J F W
I E B F S Z Z E K M P S G H Z F T K N
Z V T M A S B O G W I M N O W V C F P
N W H Z W Y H K J C T P M K T V U T Q
L R S M T W S P H D R T V Q P V K O R
G V I M V E Q B X E E T C Z N I U D Z
M X K K O B L G T U T O N C R Z M E I
H G M J X O A K P J L J R T F P O S V
N X J B N U U L H M O Z Z A P W U R B
E X Z U T S U H V P F R E M I X S O V
G R X O T Q P P R E E S V P M S N E U
E C I U Z G X P N U G P Y U I S L C K
I J T P L F W I T V G C J B B B P H M
S T S P M K S S F M A Z N W O F D E J
T D O I R A E E L U D E P I Q A E L H
E O C M R G V L W S N X L Y I D I N Z
R T L E U U U L T N E J W M N A V C W
H R I Y T C D N I R X M A G Z A E G G
A Q O X S N C P I L J A U R N B L M O
U G X X U A S U I Z U F L U C H T Y M
S C O R W X E A B Y W C I T K B M M U
G E G L G D Z S D D J Y Q D H C R U D
T B R V O E X H N E B E H R E K K X A
A A X T D B X S L P P D M V T H X H I

Lösung 26

U N R E M M A K B A R G P E A W S L P
I I L B R L L G X X S E H M K I G Q Z
N Z Q E Y S T E E W V Z L E F U V P M
D B G V I Y D N I F B W J M Y N G E A
T M U P O O D X M N R D W Y O M A S U
K M R Y K E T T E N G E P D B K N T S
M H I F H Y M U G W I E S J Y Z U H X
A P E A S C G I G H T V A S J B E A O
U R H N N C A W J E A H O T E K F U J
P L P C O E Y K V H B R Y M M N L C G
C N F A W Z P S M C R N L T P E R H V
J E D S W N M O U S J C Y J H O T E Z
A G V I R G X N K I O Y Z H K V T E D
B N V K M S G E K T D P P E S L O M R
Y A C B D E R D X S F O L X I C D F S
N F W X H S Q N K N F M E E S H E K H
G E J E V T A R S E F G E N R H S L H
U G U B E J W E V P Y H O B B N S E M
A E R K J A U P K S Y W U R L Q C S A
R K T F I J F P S E Z T R U D U H B B
G V M D R X E E M G H I N T U P W C Y
P A J P S A W H F Z E N T J R F U H X
Q G H L O K T C X F M W Q B Z I R Z Y
B B H D H E R S C H E I N U N G S J X

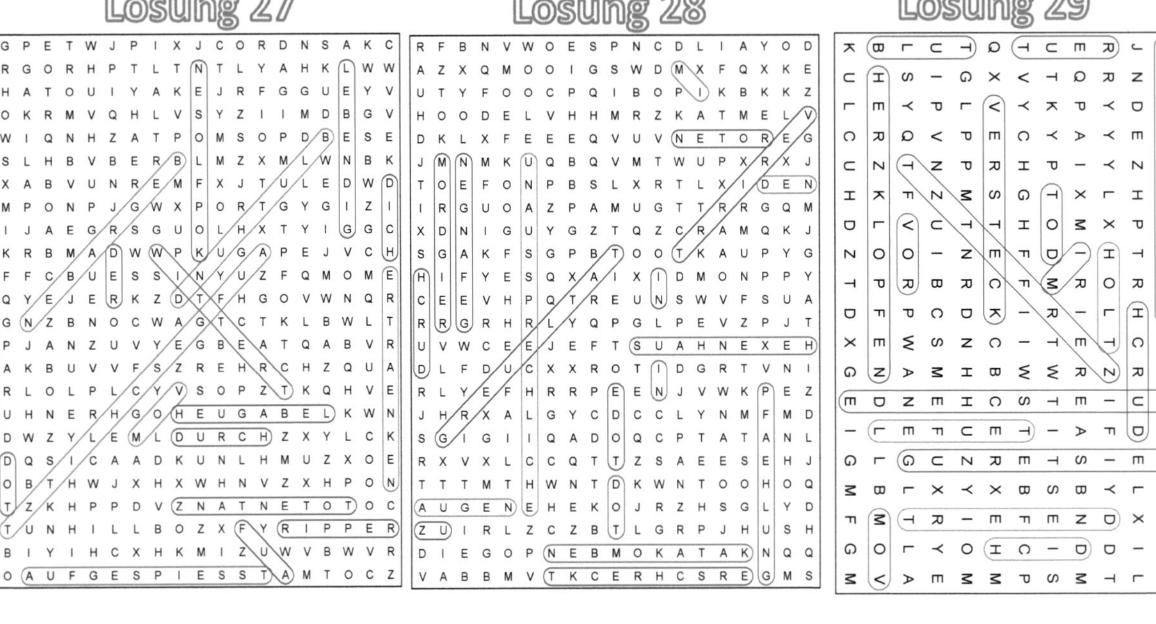